自治体人件費の解剖

高寄　昇三
（姫路獨協大学経済情報学部教授）

公人の友社

目　次

はじめに ……………………………………………… v

第 1 章　人事給与政策の系譜 ……………… 1

1　揺らぐ聖域人件費 ………………………………… 2
2　戦後自治と人事給与政策 ………………………… 8
3　自治体給与政策と自治労 ………………………… 14
4　給与システムの民主・科学化 …………………… 18
5　人事給与行政の課題 ……………………………… 25

第 2 章　人件費と地方財政構造 …………… 33

1　財政再建と人件費削減 …………………………… 34
2　人件費と地方公務員数 …………………………… 41
3　定数削減と給与抑制 ……………………………… 47
4　給与行政と説明責任 ……………………………… 54

第 3 章　給与適正化原則の崩壊 …………… 59

1　平等主義と選別主義 ……………………………… 60
2　給与条例主義の空洞化 …………………………… 69
3　職務給原則の形骸化 ……………………………… 74
4　給与均衡原則の破綻 ……………………………… 80
5　給与体系とわたり ………………………………… 85

第4章　給与適正化と政策選択 …………………… 93

1　給与水準の適正化 …………………………… 94
2　給与水準格差の分析 ………………………… 98
3　退職金支給額の膨張 ………………………… 105
4　民間方式導入と人件費節減 ………………… 112

第5章　人事制度の再編成 …………………… 119

1　職階制導入の失敗 …………………………… 120
2　雇用形態と臨時職員 ………………………… 126
3　成績主義と目標管理 ………………………… 134
4　人事行政改革の処方箋 ……………………… 139

はしがき

　地方財政論議において，公共投資・サービスにくらべて，人件費の政策論争は低調である。人件費支出は，公共投資・行政サービスの非効率以上の，ムダの制度化が定着しており，市民サービスの低下につながっている。にもかかわらず人事給与論争が，低調なのはどうしてであろうか。

　第1に，人件費関係の情報開示がすくないからである。公共投資・行政サービスは，いわば可視的な財政支出であり，首長・議員のみでなく，市民すら感覚的に把握できる。しかし，人件費は数値，運用の問題で，データがなければ検討の対象にすらならない。

　第2に，人件費論争には自己抑制が働くからである。擁護論は労働基本権，生活費保障などの大義名分があり，全体の奉仕者としての崇高な使命を強調する。したがって人件費攻撃は，非人道的財源論による暴論として，非難を浴びせられてきた。

　第3に，経費分析でも，公共投資のように感情論抜きでできないからである。人件費分析は，公務員の懐に手を突っ込み，やっかみ半分の給与非難との反論を考えると，だれしもあまり人件費批判をしたくない心情になる。

　第4に，人件費問題を徹底的に論争するには，首長・職員・組合もそれぞれ弱みがあり，本音で切開手術をするところまではいかないからである。要するに自治体内部では，それぞれが官庁的利権を，相互に温存していく謀議が成立してしまう。

　このように地方公務員制度の精神を無視し，改革課題の核心を回避してきた結果，地方自治のあらゆる問題と同様に，人事給与においても制

度の建前と，運用の実態に大きなズレが生じてしまった。

　自治体行政当局は，ラスパイレス指数にみられる給与水準抑制，職階制導入による職務給の定着化を，"わたり"措置の導入で形骸化されてきた。一方，職員組合サイドは，給与水準のかさあげを基本的戦略として，組合勢力の拡大，給与決定の労働協約方式など，給与条例主義を空洞化させてきた。

　その結果，自治体の人事給与は，天下り人事の導入，同一年齢同一賃金，首長・組合の密室的協定という，非民主的・非科学的な人事給与が体質化していった。

　人事給与システム・運用の適正化なくしては，自治体の行財政の効率があがらないだけでなく，職員の施策・政策能力の開発も低迷し，事務事業選択のミスから，ムダが増殖していくのである。

　このような人事給与運用に対して，市民運動が台頭したのが，昭和50年代の退職金騒動であり，平成の市民オンブズマンの特殊勤務手当などの不当・不正支給の摘発である。

　しかし，近年，注目すべき動きが，首長のリーダシップによる，財源主義にもとづく一律削減方式の強行で，自治体給与行政の様相が激変した。

　ただ首長・財源主導型の給与削減は，人事給与政策のないままの財源対策であり，その被害がもっと弱い，臨時職員とか管理職に集中される弊害がある。あるべき人事給与政策にもとづく，適正化施策の確立が焦眉の課題なのである。

　これまで地方行財政において，人事給与行政は内部管理問題として，極秘に処理され，"聖域化"されてきたので，その矛盾が露呈されてこなかった。

　しかし，ひるがえって考えてみるに，財政・人事・給与・組織などの自治体経営において，適正化が図られていないようでは，自治体が政府間財政関係において，地方自治を主張する資格に欠け，対政府関係での

対等化も達成されないであろう。

　自治体運営の原則は，民主・科学的運営であり，人事給与問題もこの原則にもとづかなければ，財源的削減ができても，地方自治は復権しないであろう。これからの人事給与適正化の処方箋は，どう描くべきかである。

　第1に，人事給与問題は，地方税・交付税・補助金問題などにくらべ，論争されていない。ある経済評論家が，「東大教授の給与より，東京都交通局の運転手の給与のほうが多い」と不満をのべていたが，生活サービスの視点からは，バス運転手の給与が高いのが，当然との論理も成立するのである。

　適正な給与水準は，どのようなものであるか，自治体の人事給与の実態を分析し，問題を公開の場で論議し，どのような人事給与システム・運用が，市民的合理性に適合するものであるか，検証する必要がある。

　公共投資は，環境アセスメント，行政評価，費用効果分析などの方法で選別化がすすんだ，行政サービスも聖域でなく，受益者負担にもとづく選別化・最適化が模索されている。人件費は，その巨額の支出からみて，もっと論争されるべきである。

　第2に，人件費削減は，地方財政収支からみて，たしかに緊急課題であるが，より基本的な課題は，人事給与の適正化である。適正な給与体系形成・運用は，地方自治の根幹に関する課題である。

　しかも人件費問題は，給与問題に限定されない。給与と人事は，車の両輪であり，成果主義にもとづく人事改革は，職務給の裏打ちがなければならない。一方，"わたり"の是正には，政策・実施能力のある管理職の存在が，必須の前提条件なのである。

　人件費削減において，首長・財源主導型の人件費一律削減実施が強行されているが，人事給与の適正化措置をともなわない，減量的色彩が濃厚である。自治体経営からみれば，この人件費削減過程で，自治体が人事給与システムの歪みを是正する，施策・政策経営へと展開できるかで

ある。

　臨時職員の処遇，勧奨退職措置の見直し，"わたり"の抑制，天下り人事の処理など，さまざまの懸案を曖昧のまま，財源削減だけが先行する風潮は，決して政策的には是認できない。

　第3に，自治体の人事給与の運用は，財源的に窮地に追い詰められているだけでなく，高度成長が終わり，平等主義にもとづく膨張が限界となり，選別主義の導入が急務となった。ここに自治体の卓抜した政策・実施能力が，ためされる転機を迎えたのである

　要するに今日の人件費問題は，他の地方行政と同様に，高度成長期に肥大化したムダの制度化の淘汰であるが，減量化のみのハードランディング方式では，地方公務員の被害は余りにも甚大である。

　自治体・職員・市民は，「公共性の神話」の呪縛を脱皮し，多様で多彩な施策・政策の導入で，摩擦なき痛みなきソフトランディング方式を注入していけば，早期にかつ確実な人件費削減が可能となる。

　たとえば民間方式の導入で，職員給与も維持し，行政サービスも向上し，地方財政も安定化し，再生への活路を見いだすことも夢ではない。

　人件費問題という厄介な課題について，出版機会を与えてくださった武内英晴社長に心から感謝の意を表したい。

　しかし，著者にとって人件費は気のすすまないテーマであった。それは首長・組合・職員としてはふれてもらいたくない課題を，あえて論争の俎上にのせるからである。

　近年，筆者は，地方財政の再建については，まず制度論として，「地方分権と補助金改革」，「交付税の解体と再編成」「東京都銀行税判決と課税自主権」(いずれも公人の友社) を論じてきた。

　また自治体経営としては，『地方自治の政策経営』『自治体の行政評価システム』『自治体の行政評価導入の実際』『コミュニティ・ビジネスと自治体活性化』(いずれも学陽書房) などで追求し，公共投資・行政サービスについては，その適正化・最適化についての処方箋をしめしてきた。そ

して残された重要課題が，人件費問題であった。

　本書は，自治体人件費の政策的論争をするうえで，知っておくべき制度・運用の仕組み，人事・給与運用の実態・事実を提供し，それぞれの分野から，人事・給与改革論議を期待した。著者の現実的解決方向として，給与削減の被害を最小限にし，市民サービスを維持するには，ＮＰＯもふくめて多様な行政システムの形成しかないとの結論を提示した。

　自治体関係者・市民の方が，自治体改革のため，人件費に関する関心を，本書によってもたれれば，著者も喜びはこれにまさるものはない。

　平成15年7月

　　　　　　　　　　　　　　　　　　　　　　　高寄　昇三

第1章　人事給与政策の系譜

1　揺らぐ聖域人件費

　平成不況で地方公務員の給与は，特殊勤務手当，夏期冬期年度末勤勉手当などの外堀がうめられ，本俸・退職金などの本丸が削られた。さらに年金支給年限の延長・退職後再就職期間の短縮など，定年後の生活給すら切り込まれ，地方公務員の人生設計が大きく狂う，事態に発展しつつある。

　神奈川県・大阪府などは，平成11年度から外郭団体の役員など，ＯＢ職員の退職金を「退職金二重払い」として廃止を決定し，さらなる追い打ちを加えられつつある。

　国家公務員の優雅な特殊法人の実態に比較して，地方公務員の定年後の処遇は，一気に悪化してしまった。再雇用制度が発足したが，再雇用の給与条件も，慣行としての5年から3年へと次第に悪化しつつある。

　このような一連の人件費抑制は，平成にはいり市民オンブズマンなど，住民パワーが先導した。まず「違法経費支出の摘出」で，官官接待・カラ出張などではじまった，市民オンブズマンの自治体財政への追求は，情報公開・住民訴訟の活用によって，退職金・特殊勤務手当・出張手当などがやり玉にあがった。

　たとえば退職金の事例では，平成9年11月9日，広島地裁は広島県本郷町長に対して，退職する町職員に対する，報償費名目の184万円余の支出を，違法として損害賠償をみとめた。

　この報償費は，町長の定めた優遇措置要綱にもとづき，高齢者・永年勤続者を優遇して，職員の若年化を図るための慰労金である。なお要綱は町議会の議決を経ており，報償金はその都度，議会の議決をえている。

　判決は，まず報償金は退職金であり，要綱は給与条例主義に反する。さ

らに議会の議決があっても，支出の適法性はなく，町長は拒否権を行使すべきで，過失責任があると判決している。

しかし，市民感覚では職員が永年勤続することが，地域社会に貢献したと評価し，その地域貢献性に対して，報償金をもって報いること自体が，不思議な発想なのである。

市民オンブズマンのつぎなる追求は，「不当経費支出」で，脱法的措置の摘発である。みなし超過勤務手当，出張旅費の水増し，交際費の私的経費への充当などである。卑近な事例が，自治体の管理職交際費による，職員への冠婚葬祭費支出は，私費であり公費でなく，不当支出に該当するとの指摘である。

冠婚葬祭費の交際費支出は，官庁的慣習から当然の処理であるが，市民感覚からズレており，税務署は，給与として追徴課税の方針を固めている。このような官庁的風習と法制的措置とのズレは，随所にみられ給与適正化の課題として浮上してきた。

大阪府下市町村は，職員互助会などからヤミ退職金を支給されていたが，最高額は500万円を超え，自治体は給与条例主義を遵守していない。経常収支が100ポイントをこえる自治体でも，退職金などの経済的利得は飽くなき手段で獲得していく，地方公務員の執念が感じられる。

住民訴訟の多くは，このような措置を，市民的契約社会のルールに即して，善処することを求めているにすぎないのである。

市民オンブズマンの追求は，当然，表面化しない人件費措置についても，自治体の自己規制措置が全国的に浸透していくので，その削減効果は，地方財政の人件費（一般会計・公営企業・外郭団体の合計）の30兆円の1％としても3,000億円，10年で3兆円をこえる。

ただこのような市民オンブズマンの活動は，給与問題についても，アキレス腱は単発的部分的であり，自治体給与は，致命的な被害を免れていた。

しかし，近年の人件費削減のあと1つの動きである，首長主導・財源

削減型の人件費カットは，地方公務員に甚大な被害を与えつつある。

　第1に，自治体の「自主的削減」で，中央政府・市民参加に呼応した自治体改革ではない。この平成10年代の人件費削減の特色は，かつての昭和50年代の削減とことなり，ラスパイレス指数による自治省の指導，地方債不許可，特別交付税カットといった制裁措置はない。

　市民オンブズマンも，地方公務員の給与水準の切り下げまでは追求していない。首長が財政危機に反応して，財政再建の一環として給与削減が実施されている。

　組合の抵抗は，財源不足の重圧におされて空転し，人事委員会の勧告も無視され，首長主導型の人件費削減が主流となりつつある。

　象徴的な削減が，長野県で市民・改革派の田中知事が，脱ダム宣言で公共投資をバッサリ切り落としたが，ついで人件費を8〜12%の大幅に削減した。人件費削減は130億円と推計され，全国規模で実施されると，数千億円の規模になる。

　首長は，選挙を考えると組合によわく，人件費削減には弱腰が一般的評価であったが，このような先入観を，石原東京都知事が5%カットで払拭した。

　従来から首長自身の意見としても，「選挙への思惑や，職員組合との馴合いなどにより，定数と給与管理が大きく崩れているところがある。それは市民の犠牲において，首長または職員組合を優先するものではないか」「元来，全体への奉仕者である地方公務員は，最少の人員と経費で最大の行政効果を挙げることがその責務であり，自己のために市民への奉仕が二の次にされるとすれば，それは本末転倒ではないか」[1]などの見解は，潜在意識としてはあった。

　しかし，実際は首長は，組合の不支持による，行政の混乱・選挙の不利を必要以上に危惧し，給与処理の対応は甘かった。しかし，近年は地方財政悪化もあるが，人件費削減が，政治的にみてもマイナスでなく，市民感情を考える無党派首長には，今やプラスとなり，他の政党派の首長

も追随を余儀なくされてきたいきつつある。

第2に，人件費削減は，「首長主導型」であり，決定システムは必ずしも制度のルールにそったものでない。

人事委員会が1～2％の削減を勧告するのがやっとであるのに，10％の削減を労使交渉で実施するのをみると，人事委員会制度の形骸化が極まったといえる。しかも財源優先の一律給与削減であり，その過程での「均衡の原則」「情勢適用の原則」といった，従来の給与決定の原則は配慮されていない。

そもそも自治体行政当局が，従来から人事給与原則を遵守していこうとする気概はひ弱い。要するに人事給与運用は状況追随であり，「現実には『違法』ともいうべき給与管理がなされている。管理というよりかは無管理事態である。これはもはや給与担当者の怠慢としかいいようがない」[2] と批判されている。

首長主導型も，長年の課題は棚上げして，人件費削減のみが先行している。このような財源主導型の人件費削減について，「財政政策的側面から実施された給与の抑制・凍結や人員の削減，労働政策としての協調的交渉関係の後退は，人事管理政策に大きな影響を与えることになった。公務員のモラルが著しく損なわれたのはもちろんのこと，従来の給与配分，多くの場合，『部内均衡』を維持したままでの一方的な給与水準の抑制は，人材確保にあって給与のもつインセンティブを大きく低下させた」[3] と批判されている。

第3に，「政策・支援なき削減」である。「一律削減方式」で，各自治体の削減実態をみると，それは他の物件費・サービス費と同様に，ほぼ一律削減であり，あっても管理職に対する「理由なき懲罰的削減」が課せられている。

たとえば人件費で1億円を削減するにしても，官民格差とか勤務条件からみて，もっとも不合理なのが，実質的勤務日数・時間からみて，学校給食における技能労務職の給与であろう。

したがって職員給与の適正化からは，自治体は一般行政職を５％カットし，学校給食職員を10％カットする，傾斜的削減を実施すべきである。
　すなわち社会的にみて，地方公務員の既得権化の度合いが，深化している部門の給与削減が，削減措置としては有効なのである。臨時職員の日当をカットする自治体がみられるが，非常識の極みであろう。
　昭和50年代の人件費削減は，それでもラスパイレス指数という基準があった。しかし，今回の人件費削減は，計画・ビジョンが今ひとつ明確でない。財源主義は，理念なき対応で人件費をどこまで削減するのか，泥沼化した削減劇の展開となる恐れがある。
　自治体は，今後，人件費削減について，明確な政策ビジョンを示して削減すべきで，政策ビジョンもない，一律カットのごとき人件費削減が実施されている。
　結局は職員のなかでも，管理職・臨時職員・行政職・ＯＢ職員など抵抗力のない職員層が，より大きな犠牲を強いられる，悪しき削減となるであろう。
　自治体の人事給与政策は，公共投資・行政サービス分野より，拙劣な状況にある。今日では自治体の是正措置は，遅すぎた人件費削減であり，人件費の肥満体質を考えると，平成不況のはじまる元年から着手しておくべきであった。
　卑近な事例は，青島東京都政，横山大阪府政においては，人件費にメスはいれられることなく，対症療法的な微調整ですましたが，その間，きわめて優遇された退職金の恩典を満喫して，多くの職員が勧奨退職形態で自治体を去っていった。そのツケを若い世代の職員が，背負わされるのは如何にも不都合である。
　今後，自治体は不当な既得権の是正か，正当な経済的利益かの線引きをめぐって，紛糾の度はつよまっていくが，本来あるべき人事給与体系のシステム化の論争を深め，適正な人事給与決定システムを，この人件費削減の過程で形成していかなければならない。

（1） 財団法人日本都市センター・都市行財政研究委員会『都市経営の現状と課題』103頁。
（2） 野見山宏「摩訶不思議な公務員の給与システム」(『職員研修』平成8年3月, 以下野見山・前掲「給与システム」) 41頁。
（3） 西村美香『日本の公務員給与政策』(以下, 西村・前掲「公務員給与政策」) 261頁。

2 戦後自治と人事給与政策

　今日，自治体の人事給与政策は欠落し，人事給与の運用実態は，歪められたままで，市民的合理性のない，システムになってしまった。その理由は，戦後の自治体の主体性のない，人事給与運用の結果である。

　戦後の人事給与政策に大きな影響を及ぼしたのは，旧自治省のもとに展開された，昭和20〜50年の近代的公務員制度創設と，昭和50年以降の給与抑制をめざす，ラスパイレス指数方式であった。この措置によって，地方公務員制度は戦前の官僚的制度を脱皮できたが，反面，自主的人事給与の喪失という，支払った代償も大きかった。

　またこのような上からの全国的給与適正化に対して，全日本自治団体労働組合である「自治労」も，全国組織を動員して，地方公務員の基本的労働権・給与水準向上をめざして，自治体内部で支配力を構築し，中央政府に対抗していった。その結果，自治体人事給与行政の空洞化・形骸化がすすみ，適正な運用から大きく遊離してしまった。

　第1に，人事給与行政は「中央政府主導」で展開され，自治体の人事給与政策における，自立マインドをスポイルした。「『官公均衡』原則によって給与改善方法を伝授され，財源保障を受け取ることによって，多くの自治体が自ら給与政策に責任を持ち，改革を進めていこうというインセンティブを失ってしまった。………国民や世論も，自治省の『適正化』指導に期待したということは，給与政策における自治の欠落を如実に物語っている」[1]といわれている。

　自治体の対応は，歴史的にみた場合，人件費適正化への努力は例外であり，一般には交付税・補助金・地方税などの財源待望論が支配的である。このような財源依存症は，地方財政そのものが，交付税措置によっ

て，中央官庁の庇護のもとにある，一種の護送船団方式であり，自治体行財政運営における自主的努力を去勢していった。

第2に，人事給与政策は，「労働組合の主導」で運用されていった。自治体において，人事給与体系・運用の適正化を追求するより，中央政府や住民パワーの監視・圧力を回避する習性が体質化していった。

「要するに自治体でも公然と，『官公均衡』原則を否定することができなかったため，住民や自治省に知られない水面下で形骸化の交渉を行い，給与運営を不透明なものにし，…………非難の対象とする原因を作り出すことにもなっていた」[2]のである。

いいかえれば自治労の組合活動は，戦後，労働基本権の回復など正当性をもっていた。さらに高度成長期の初期には，臨時職員の正規職員化，官民給与格差是正など，自治体給与・雇用形態の正常化に寄与した。

高度成長期後半においては，自治体は行政サービス職員の確保にも困る状況となったが，一時金方式ではなく，給与表にもとづく引き上げ方式を活用して，給与アップを保障した。

自治体の目先のきわめて拙劣な措置で，退職直前の職員まで給与増額の恩典に浴し，さらに退職金の増額という追加的優遇も享受した。

組合は，このような行政当局の窮状とインフレに便乗して，"わたり"の方式で物価と給与体系のギャップをうめていった。しかし，このような給与運用の放漫性は，財源的にも耐えられず，自治体執行部は給与費抑制に対処しようとしたが，政治的発言力を拡大した，組合の合意を獲得することに失敗した。

このような自治体の自己管理能力の崩壊を憂慮した政府は，交付税削減・地方債不許可措置という，威嚇的制裁措置を注入して，ラスパイレス指数を低下させていった。そして自治体は，退職金も住民パワーで，引き下げを余儀なくされた。結局，自治体は自己の給与運用の管理能力の無さを露呈し，地方自治の信用失墜となった。

第3に，自治体の人事給与システム・運用は，このような旧自治省と

自治労の2大勢力の狭間で,独自の人事給与政策を確立できず,「制度的合理性と運用的非合理性」が,深化していった。

天下り人事の温存,臨時職員の存続,"わたり"の容認,管理職の乱造,ラス指数による全国均一給与水準など,近代的人事給与制度としては,あるべからざる症状を内蔵したまま,今日を迎えている。

たとえばラスパイレス指数方式は,どうしても100ポイント以下の町村には甘くなる。地方交付税における段階補正の優遇措置と同様で,当該町村の地域社会における,官民格差を考えると,過疎町村ではラス指数は70〜80ポイントでも不当でない。「官公格差」が「公民格差」の実態を,覆い隠したといえる。

自治体は,地域開発行政と同様に,内部管理行政においても,複眼的視点とか長期的展望が欠落していた。目前の課題を処理するだけで,自治体自身が,給与制度の原則も精神も,反故にしていった。地方公務員法の理念・制度と,実際の運用とは大きく遊離した。

すなわちラスパイレス闘争においても,給与システムの同一年齢同一賃金は,修正措置が加えられることなく,給与水準の全般的低下のみがすすめられた。要するに自治体は,人事給与問題の鎮静化のみを,念頭に姑息な措置を繰り返してきたのである。

地方公務員制度において,公務員人事給与の擬似近代化を要請したのは,中央政府であったが,この制度すらも運用によって形骸化させたのは,自治労であった。

自治労による労働基本権確立・給与水準平等化などの闘争は,ひとり給与問題に限らず,地方自治行政の方向すらも左右した。これからの自治体の人事給与政策の適正化を図っていくには,首長の人事給与への定見のなさを払拭させるとともに,組合の給与拡大主義との対決が避けられないであろう。

第1に,自治労は,地方公務員の「地位・給与・労働条件など適正化」に,どれほど貢献したかである。地方公務員の給与水準・労働条件のカ

サ上げにおける，自治労の貢献度は，誰れしも否定できないであろう。

　自治労は，巨大労組として地方行政において，隠然たる勢力を誇ってきた。その勢力と恵まれた組合環境を背景にして，組織強化闘争，権利闘争（スト権奪還），賃金給与闘争，住民共闘運動（行政サービス直営化），自治研活動などを展開してきた。

　ことに戦後，自治体の執行部は，このような人事・労務管理に不慣れで，拙劣な組合対策しかできなかった。

　その結果，戦後の自治体労使関係は「組合の労働者としての意識過剰と当局の使用者としての自覚不足が悪循環となり，両者の不信感は拭いがたいものとなった」[3]のである。

　このような当局のミスと財政の余裕を背景に，高度成長期，組合運動は多くの成果を手中におさめたが，「公務員の労使関係は，母体の倒産がないため，労使ともに自制作用を欠くという本質的特徴を克服しがたい。このため組合側と当局側とが，住民を犠牲にした形で，慣れ合い的みせかけの信頼関係を作るおそれがある」[4]と問題視されてきた。

　自治労は，臨時職員の正規化，給与水準の引上げなどに貢献したが，現実のメカニズムには，団体の圧力を背景にし，職員の過剰配置，給与水準・退職金のかさ上げで，人件費の膨張をもたらした。

　また人事給与の運用においても，「長や当局は組合の事前同意や妥協が得られぬ限り，そしてその場合に組合との対立や紛争を覚悟しない限り，重要なことはほとんど何もできない」[5]状況になり，人事給与の適正化は，次第に遠退いていった。

　第2に，自治体における「給与決定システムの適正化」にどれほど貢献したかである。地方公務員の給与実態は，今日でも市場メカニズムも民主主義のメカニズムも働らかない以上，給与条例主義にもとづいて，基本的には運営されなければ，野放図な事態に陥りかねない。

　しかし，自治労は，自治体内部の給与決定のメカニズムにおいて，地方公務員法の条例主義ではなく，労使協約優先主義をかかげて，実益を

確保していった。

　給与条例主義からの攻勢に対して,「使用者とはなりえない議会や住民による労使自治への不当な干渉や介入が各地でみられ,……議会や住民をあたかも使用者のようにふる舞わせ,……長がその労使関係上の責任をはたさないような……住民使用者論にもとづく議会万能論がそれである」[6]との反論が展開された。

　労働基本権擁護の視点から,給与体系などは,執行部固有の管理運営事項と団体交渉権の範囲の問題として,外部からの監視・統制を排除する理論を形成していった。

　しかし,市場・競争メカニズムがはたらかず,投票のメカニズムが機能マヒしている状況での,組合交渉は,行政内部の談合的処理に堕ちることは,政治メカニズムからして歴然としている。

　しかもこのような理論は,給与決定・給付における,地方条例主義・市民主権を無視し,地方自治の住民自治の原則に悖る論理である。

　第3に,組合活動は,地方公務員の「市民的精神の涵養」に貢献したであろうか。多くの自治体労働者は,立派な労働者であるが,意識の面ではなおかつ,官僚性を帯びるという矛盾した状況にある。

　この矛盾の打破を,組合は仕事をつうじての自己変革に求めた。しかし,問題は自治体労働者の官僚的気質ではなく,労働者階級としての自己利益の追求のみがエスカレートし,自己改革はすこしも進展しなかったのは事実である。たとえば昼窓問題に象徴されるように,市民の犠牲のもとに,労働条件の改善,賃金水準の向上をめざした。

　昭和50年代にも,地方公務員の非市民的体質は,治癒されることはなかった。ことに市町村の労務対策は拙劣で,かなり強引な要求も呑んでいった。たとえばＯＡ問題などの解決は,現場職員の要請にもかかわらず,自治労の反対方針にあって大幅に遅れた。

　しかし,このような自治労の地方公務員労働基本権擁護をめざす運動も,基本的に市民・福祉の犠牲にたっている以上,環境の変化は次第に

逆風となっていった。特殊勤務手当でも平成7年4月1日，最高裁判決は「昼休み窓口業務の特殊勤務手当」は，違法の判決をくだした。

　地方公務員の労働基本権とか職員生活費保障は，守っていかなければならないのは当然であるが，地方公務員の権利擁護と「利権擁護」とは区別して，地方公務員法の基準・原則にそって処理すべきなのである。

(1)・(2)　西村・前掲「公務員給与政策」290頁。
(3)　荒巻禎一『改訂版人事管理論』(以下，荒巻・前掲「人事管理」) 179頁。
(4)　荒巻・前掲「人事管理」181頁。
(5)　寄本勝美「自治体政治の構造と実態」西尾勝・大森彌編『自治行政要論』131・132頁。
(6)　竹下英男『地方行革下の自治体労使関係』4頁。

3　自治体給与政策と自治労

　戦後，賃金闘争を重点としてきた自治労に，転換期をもたらしたのはオイルショックであった。昭和50年代にはいり，地方財政の減量化が迫られると，自治体給与の放漫さが世間で批判にさらされた。地方財政悪化を契機として，中央政府の攻勢がはじまった。

　第1に，自治労・職員組合は，「正規職員の利益擁護」のみに運動は封じられていった。自治労はこの逆境をハネ返すため，非組合職員である臨時職員・非常勤職員・外郭団体職員・関連民間団体職員の組織化・連携をめざし，組織拡大を狙ったが，事態は進展しなかった。

　そのため自治労は，さらなる戦術の転換を余儀なくされていった。平成元年の地方自治研全国集会において，行政サービスの変化に対して「公私役割分担論」に代わって，「公私役割相乗論」が提起され，直営方針・委託反対の方針の変更がみられた。

　このような自治労の運動戦略の前途は多難で，「公務員とそれ以外の労働者との間には浅からぬ溝が横たわっている」[1]のである。それは賃金水準の格差だけでなく，労働条件・内容において，委託者・受託者の関係，深夜・不規則業務の転嫁などで，公務労働者と民間労働者は多くの場合，利害対立の関係にある。

　たとえば「公務員だから9時～5時を当然と考える感覚は『地域公共サービスに携わるすべての労働者』との『連帯』に向けて克服されなければならない課題」[2]であるが，変則勤務を公務員は，歓迎しないのも事実である。

　ごみ収集でも，深夜・早朝収集，イベント後の収集は，民間委託業者が担当し，保育所でも深夜保育所などは，民間無認可保育所が分担して

いる。行政サービスの実態は，生活ニーズの高い，公共性のあるサービスは民間が供給し，収益性のある市場的サービスを公共団体が処理しているのである。

第2に，「市民との連携なき運動」であった。自治体労働者の意識について，組合は「今日の自治体労働者は，住民のために良い仕事がしたいという根強い要求に基づいて，国の中央集権性とそれに連動された自治体運営の官僚性と闘う最も重要な勢力である」[3]と自画自賛している。

しかし，地方議会と同じように自治体労働組合も官僚化して，市民意識の欠落は否定できない。自治労の自己改革は，未だ着手されていないのである。

今日でも「各地の自治体労組も，市民に対する『上』意識の強い閉鎖的な役所社会の体質を反映して，ある意味での前例主義に陥っている面がないわけではない」[4]との自己批判がある。

基本的には地方公務員は，市民運動とか市民感情とかへの配慮が希薄である。政治的にも「職員組合と議会の革新政党との"同盟"は，それが強いものであればあるほど革新市政の"自己革新"を鈍らせ，市長を窮地に追いやる実態さえみられ」[5]たのである。

そして「職員組合の職員の利益本位の運動方針や保守的体質はやがて住民との利害対立をよぶことが不可避となり」[6]，革新自治体の凋落の引き金にもなった。高額退職金を追求され，武蔵野・鎌倉で革新市長は敗北した。

地方公務員が，市民的精神のもとに市民，いいかえれば非常勤の職員と共闘していくにしても，高度成長期のように財源的余裕がない以上，黙視し傍観するか，自らの賃金引下げによって，財源を捻出するしかないのである。

しかし，組合職員の最大公約数が，賃金引き上げという「視野狭窄症」にかかっているため，自治体労働者が市民サービスの拡大のため，自らの給与・労働条件の既得権の放棄は不可能である。すなわち組合がどこ

まで自己犠牲をできるかが，市民連携のキーファクターである。

　第3に，自治労の運動は，いわれるほど「革新的」ではなかった。自治体首長の労働組合対策への拙さに助けられた結果ともいえる。戦後，自治体労働組合こそ，自治体の官僚制を打破し，自治体に民主性・能率性をもたらす勢力と期待されていた。

　官僚制の改革の実現について「その有力な推進的役割を演ずるものとし……官庁労働組合を挙げたい」[7] と期待された。その理由として「かれらこそ自己の支配的地位と非支配的地位を止揚すべき絶好の地位にある」[8] みなされた。

　自治労運動が，自己利益の実現という運動戦略に固執する限り，矛盾の止揚は不可能であった。財政危機下で，「"自己点検""自己革新"が革新市政の理念に基づいて成功的に行われてこそ，はじめて革新自治体の革新自治体たるゆえんが見いだされる」[9] のである。

　しかし，革新自治体の誕生に，大きく貢献したのは自治労であったが，賃金要求について自治体が，財源不足から満たしえないとなると，革新自治体も弊履のごとく見捨てていった。

　第4に，組合だけでなく，行政当局・地方議会も同様に「官庁的利権追求」が体質化し，組合の自己革新は難航した。自治労は「自治体政策綱領づくり運動」を展開し，財政危機などの外圧に対処しようとした。

　このような運動方針の転換は，「自分たちの仕事を対市民責任において分析・批判すること－職場自治研－をつうじて，大量の内部告発型・改革型・参画型の自治体労働者を創出すること」[10] を，その戦略として提起していった。

　すなわち職員組合が政策形成の専門家として，「自治体政策づくりという外部責任に属する領域の課題を，内部変革の運動をつうじて追求することは，市民参加という外部過程を内部化する」[11] というメカニズムを，自治体内部に浸透さすことをめざした。

　しかし，組合の保守化・官僚化・利己主義化という，体質的欠陥を克

服しないかぎり,「深刻な自己矛盾におちいることにならざるをえない」[(12)]との苦悩がある。要するに職員組合が,過剰人員・高水準給与の実態など,自己犠牲の精神でもって,市民に告発できるかである。

職員組合が,地方分権など観念的に攻勢をかける場合は,その権利意識・闘争スタイルは,円滑に展開することができるが,自己改革となると,理論は一転して,利権擁護の保守的なイデオロギー集団に転換してしまう。[(13)]

(1)・(2)　今里滋「公務員の労働運動」西尾・村松編『講座行政学(6)』180頁。
(3)　自治体研究社編『「都市経営」を批判する』33頁。
(4)　田中充「環境自治体づくりの現段階と組合活動としての意義」『月刊自治研』平成9年4月24頁。
(5)　寄本勝美「4極構造による政治化」大森彌・佐藤誠三郎『日本の地方政府』東大出版会（以下,寄本・前掲「4極構造の政治化」）200頁。
(6)　寄本・前掲「4極構造の政治化」199頁。
(7)・(8)　辻清明『新版・日本官僚制の研究』(以下辻・前掲「官僚制」)204頁。
(9)　寄本・前掲「4極構造の政治化」197・198頁。
(10)　田中義孝「地方公務員の位置と政策づくり」大原光憲『自治体政策づくり読本』（以下,田中・前掲「地方公務員と政策づくり」）161・162頁。
(11)　田中・前掲「地方公務員と政策づくり」165頁。
(12)　寄本勝美「行政改革と自治体労働者」大原光憲『自治体政策づくり読本』42頁。
(13)　戦後地方公務員給与決定の労使関係史は,西村・前掲「公務員給与政策」高寄昇三『地方自治の行政学』213～219頁参照。

4　給与システムの民主・科学化

　自治体人事給与課題は，基本的には人事給与政策決定における，民主化・科学化の欠如が問題である。すなわち人事給与政策の適正化にもとづいた，人事給与政策は策定されていないのである。

　問題は，なにが合理的給与であり，効果的な人事システムであるかである。ことに自治体の人事給与体系は，公共性の性格から設定基準が困難であるといわれてきたが，行政サイドが，公共性を口実に明確化を拒否してきたにすぎないのである。

　第1に，自治体は「目標管理が難しい」という難点がある。たとえば民間企業では，マクロとしては当該企業の事業収支状況があり，赤字決算企業では，賃上げは困難となる。またミクロでも事業活動の生産性・売上高など，さまざまの指標の設定が容易である。

　一方，自治体の目標である公共性は，「組織目標が民間企業体とは根本的に異なることに加えてそれが極めて不明確で」[1] あるが，しかし，企業収支にかわる財政収支の設定は可能であり，行政サービスなどにおける経費分析から，人件費の配分比率の設定は不可能ではない。

　たとえば行政サービスの供給量が減少しているのに，職員数・人件費が減少していないのは，自治体の内部管理努力の怠慢を示す運営指標である。

　このようなシステムの難点も，人事給与行政において目標管理方式や，職員奨励報酬方式を拡大・普及させていけば，メリットシステムの適用は可能である。後に説明するように，目標管理方式にもとづく，人事給与システムを形成していけば，自治体行政における公共性も数値化は可能である。

第2に，自治体は地域サービスにおいて，「独占的サービス」が多い。したがって「競争原理が動かないこと…………企業の構成員に対する成果の配分基準も明確化され」⁽²⁾ないことなどの厄介な団体である。
　このような特殊性から，「一歩誤まればいわゆる『親方日の丸』的勤務体制を造り出し，あるいは自己抑止力の動かない労働運動を呼び込む危険性を内在させている」⁽³⁾のである。
　自治体の事務事業について，行政評価システムなどを導入していけば，擬似市場メカニズムの導入は不可能ではない。具体的には自治体の直営サービス部門も，民間委託化によって競争メカニズムの最終的洗礼を具体化することができる。
　観念的にはイギリス地方行政のように，公共セクターと民間セクターが，特定サービスについて強制的競争入札（ＣＣＴ）を導入し，単価において敗北したセクターが，公共サービス分野から脱落するべきである。
　第3に，自治体の事務事業は，民間企業に匹敵する利潤動機のような，「インセンティブが作用しない」が，それに代わる全体の奉仕者として，地方公務員の市民への献身性の形成は，至難の課題と考えられてきた。
　しかし，行政サービスにおいても，「最小の費用で最大の効果」という原理が，自治体にも適用可能である。すなわち自治体は，市民に対する可能最大限のサービス供給をする責務があり，この責務は計量測定・指標化が可能である。
　たとえば費用効果分析などを適用していけば，公共性にもとづく人件費の適正配分指標は算出できる。自治体は公共性の曖昧性を奇貨として，行政セクターの効率化を怠ってきたのである。
　地方行政の目標は，市民福祉であるが，その到達手段は民間企業と基本的には異ならない。自治体は人事給与運用においても，さまざまの口実をもって効率化をサボタージュしてきただけである。
　現実の自治体の人事給与運用をみてみれば，公共性以前の問題であり，財源が枯渇し行政サービスをカットしているのに，人件費において「ム

ダの制度化」がはびこっているが，市民の自治体への公共信託を裏切る状況にある。

　要するに自治体給与の科学化に，自治体が強いアレルギー症をもっていただけで，自治体の行政評価システムなどが浸透していけば，給与水準の適正化の基準設定も可能である。

　ついで人事給与システムにおける民主化についてみると，第1の課題は，まず「給与システム決定の非民主性」にある。第1図にみられるように，自治体の給与決定は，基本的には住民の代表である，地方議会の地方条例主義にもとづくことになっているが，現実には必ずしもこの原則は，遵守されていない。

　第1に，自治体予算は，単年度主義であり，公共投資などは事業計画があるが，行財政計画には長期計画はない。近年，財政悪化によって，財政再建計画が策定されているが，人事給与についてはない。

第1図　自治体給与政策の決定

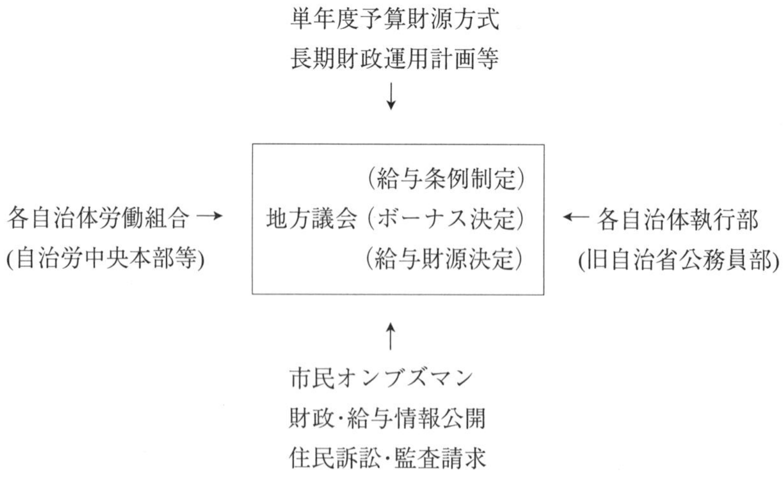

```
                    単年度予算財源方式
                    長期財政運用計画等
                          ↓
                  ┌─────────────────┐
                  │   （給与条例制定） │
  各自治体労働組合 →│ 地方議会（ボーナス決定）│← 各自治体執行部
  （自治労中央本部等）│   （給与財源決定） │ （旧自治省公務員部）
                  └─────────────────┘
                          ↑
                    市民オンブズマン
                    財政・給与情報公開
                    住民訴訟・監査請求
```

第2に，中央政府は，旧自治省・現総務省も人件費抑制主義でラスパイレス指標で，官公格差是正を指導してきた。しかし，一方で交付税措置などで，自治体財政の膨張を誘導してきたので，財源主義の抑制効果も中途半端の域をでない。

　第3に，自治労を中核とする職員組合は，人件費抑制絶対反対であり，同一年齢同一賃金，民間委託拒否など，硬直的な反対論が主流であり，あるべき人事給与への展望にも，拒否反応がつよい。

　第4に，このような人事給与行政の閉塞状況の打開をめざして，実効ある活動を展開したのが，市民オンブズマンなどの自治体行財政民主化運動である。

　給与水準はラスパイレス指数の適用という，中央統制が機能しているので，市民統制としての市民オンブズマンは，退職金・特殊勤務手当など，付加給付に運動のターゲットは絞られている。

　給与問題の民主化は，給与水準の低下につながるとして，自治体にはアレルギーが強いが，民主化は「『地方公務員は安月給で働け』とは，だれもいっていない。労使の話し合いも否定しない。それが住民に対しても説明できるものであるならば，労使合意の内容を常にガラス張りにすることが肝要である」[4]といっているだけである。

　自治体人事給与システムの非民主性の第2の課題は，「労使協定方式」にみられる。第1に，密室的決定である。採用・昇進システムにはじまり，給与決定も不透明であるが，そもそも人事・給与の最終的権限は，住民自治の原則からみて，住民にあるはずであるが，自治体行政部局・労働組合・地方議会は，自分達の専決事項と錯覚している。

　企業の場合は価格決定について消費者主権を主張しなくても，無意味であるが，企業には価格メカニズム・競争原理が働くが，自治体の場合は，このような原理が採用されない以上，投票のメカニズム・市民主権にもとづく決定がなされるべきなのである。

　民間企業と同様に職員組合が，労使協約優先主義を主張するのは，自

治体の公共性を無視する理論である。企業メカニズムを弾劾しながら，給与決定については，企業システムに固執するのは，論理の錯綜である。

この点について宮川淑氏の批判は，傾聴に価する。まず労働組合サイドの考えは，「地方公務員の賃金，退職金問題に関して『住民の公務労働に対する批判や意見は大いに傾聴するべきだ』が，『労働者の労働条件は官民を問わず労使の協議によって決定されるべきだ』と」(5)いうのが代表的であると紹介している。

このような労使協議優先主義は，「第1に，公務員であろうと，労働条件は労使（この場合の「使」は自治体の首長）間で決めるという従来からの労働基本権にもとづく主張，第2に，第1の主張を原則とする以上，住民の声は参考程度に聞くということ，そして第3に，挨拶の中で全く触れていないことで逆に自治労の考え方を明らかにしていることとして，地方議会の権限（条例主義の原則）を無視していること」(6)など，非市民性を指摘している。

すなわち「労働基本権は，納税者の権利と向き合ったなかで調整されなければならない」(7)のである。「今日，公務員批判の風潮が，ねたみやうらみの類の非難に堕す傾向を示している根本の原因は，『納税者の権利』が正当に認知されていないところにある」(8)のである。

給与条例主義より労使協定主義を優先させるのは，地方自治における住民主権の権利を空洞化するものであり，具体的には「納税者の権利」として，自治体の財政運営を統制する「給与条例主義」に反するのである。

第2に，労使協約優先主義は，地方自治法の給与条例主義に明確に違反している。したがって首長・組合が談合して給与運用を決めても，給与条例に違反すれば無効である。

このような条例優先原則は，地方公営企業労働関係法（第8条）によっても明確である。すなわち「条例にてい触する内容を有する協定が締結されたときは，その締結後10日以内に，その協定が条例にてい触しなくなるために必要な条例改正又は廃止に係る議案を当該地方公共団体の議

会に付議し」となっている。

　自治体は，給与決定における透明性・説明性（アカウンタビリティ）を高め，政策決定の最適化に寄与する視点があったか疑問である。要するに自治体の給与決定における「自己統制の機能」はマヒしている。首長・議会は，市場メカニズムが作用しない自治体給与について，民主的な投票メカニズムにもとづく，自己統制機能の発揮が期待されている。

　しかし，首長サイドも自己の政治的安定を優先させて，組合とのトラブルを極力回避することに努めた，その結果，組合との関係は，「公務員の労使関係は，母体の倒産がないため，労使ともに自制作用を欠くという本質的特徴を克服しがたい。このため組合側と当局側とが，住民を犠牲にした形で，慣れ合い的みせかけの信頼関係を作るおそれがある」[9]と批判される状況である。

　具体的事例としては，「目前の安易な妥協のために野放しの有給組合活動を容認したり，ヤミ専従を黙認するなどである」[10]と非難されている。

　自治体給与の運用は，その拙劣さを市民オンブズマンに指摘されると，泥縄的に弥縫するが，このような不正・不当措置は無数にあり，市民オンブズマンの追求といっても限界がある。注目されるのは，市民オンブズマンの追求は，給与水準の低下を要求するのでなく，公務員への経済給付の不正を糾した点である。

　しかし，人事給与システムの適正化を考えれば，市民オンブズマンは納税者市民連合として，議会への代表を送り込まなければ，一過性・部分的な抑制効果の域をでない恐れもある。

　自治体における人事給与システムは，今日でも第2図にみられるように，「官」「労」サイドの独占的システムは健在であり，「議会」の統制力は期待できす，実質的にはトライアングルが構築されている。

　市民の民主化運動が，具体的にこの内部連携をくずしていけるかである。しかし，直接的民主主義方式が，行政・組合主導主義をよく統制できるかであるが,民主化運動の具体化をすすめていけば不可能ではない。

市民参加は，市民オンブズマンによる自治体不正支出追求，納税者市民連合による議会参入，個別事業会計方式による擬制的負担感の醸成，諮問的住民投票制の実践，情報公開制度の拡充などの地道な地方自治の改革の積み重ねが要求されるであろう。

第2図　自治体給与のトライアングル

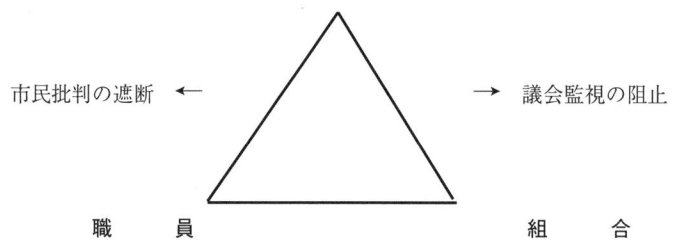

(1)・(2)　山崎宏一郎・木下英敏『地方公務員の人事管理』(以下，山崎・木下・前掲「地方公務員」)2頁。
(3)　山崎・木下・前掲「地方公務員」3頁。
(4)　坂本充郎『地方公務員』(以下，坂本・前掲「地方公務員」)75頁。
(5)　昭和54年自治労全国大会・丸山康雄委員長挨拶，宮川淑・獨協大学教授「『納税者の権利』認知が正しい批判の前提だ!」『地方自治ジャーナル』昭和54年12号，(以下，宮川・前掲「納税者の権利」) 13頁から引用。
(6)～(8)　宮川・前掲「納税者の権利」13頁
(9)・(10)　荒巻・前掲「人事管理論」181頁

5　人事給与改革の課題

　自治体の人事給与システムの制度・運用の欠陥は大きく，自治体は，給与の一律削減という減量的対応でなく，"わたり"の是正，給与表の改訂といった，施策政策的対応をしなければ，給与問題の解決は永久にないであろう。
　第1に，自治体は，住民の公共信託にもとづいて，住民の生命・健康・サービスを預かっていることを十分に認識しなければならない。すなわち自治体は，限られた地方税負担のもとで，可能最大限の行政サービスの給付に努力する責務がある。
　自治体がサービス供給者として，直接的にサービスする時代は済んだのである。この「公共性の神話」が，必要以上にサービス関連職員を多く抱え込み，地方財政における人件費の圧迫を，想像以上に大きくしていった。
　自治体は，事業団体でなく政策団体として，すなわち供給者(provider,supplier)でなく，事業・サービスの促進者(enabler)，調整者(promoter co-operator)として，活動するのが，本来のあるべき使命なのである。そして自治体は，人件費についても行政経営者として，3Eの原則（経済・効率・効果）を追求し，価値ある給付・投資（value for money）を追求すべきである。
　第2に，人事給与の構造的体質的欠陥を治癒する，マクロの施策，戦略を策定しなければならない。第1表にみられるように，自治体においては日本的人事給与制の特徴が，民間企業よりもより濃厚に醸成されていき，その歪みを肥大化させていった。
　本来，市民の奉仕団体であるべき自治体が，その内部で執行部と組合

第1表　日本的人事給与制度の内容

終身雇用制度 ――――	年功序列賃金形態の維持温存
閉鎖的採用制 ――――	公務員既得権の温存擁護運動
年功的人事制 ――――	官庁組織・外郭団体の肥大化
平等的賃金制 ――――	同一年齢同一賃金の財源浪費
企業内組合制 ――――	人事給与運用の行政組合癒着

との談合的人事給与処理で,巨額の経費のムダを発生させるシステムを,増殖させていった。

公共投資について,政官財の癒着が弾劾されているが,自治体の人事給与についても,第2図にみられるように,首長・職員・組合の融合システムが,自治体の人事給与を不合理なものにしていった。すなわち中央官庁・地方議会・市民監視などの,外部からの介入・牽制を極力排除してきた,との批判は免れないであろう。

自治体は,行政改革・財政再建などの圧力によって,人事給与施策の見直しを迫られいるのは,第2表にみられるように,高度成長期の肥満体質化したシステムを,経済・効率・効果的なシステムに変革していくかである。

当面の自治体の人事給与政策は,この高度成長型のシステムを是正することにある。第1に,地方財政環境は,平成不況の長期化でついに息切れした以上,財政規模の膨張はない。

従来のように行財政需要に対応して,人事給与を膨張させるのでなく,既存の行財政資源を有効に活用する方向へと,人事給与政策の転換を図っていかなければならない。当然,人事給与における選別化は避けられない。早い話が,全員を"わたり"で,局部長にすることはできない相談である。

第2に,自治体が人事給与改革を,一定の方針で辛抱強く実施すれば,

効果は確実に期待できる。ただ減量化だけでは，効果に限界があり，第3表にみられるように，ラスパイレス指数にもとづく一律給与減額という行政管理（減量経営）から，民間方式導入という行政経営（施策選択）へ，さらに給与体系の見直しという政策経営（構造改革）へと，給与行政をレベルアップさせていかなければならない。

地方財政における財政再建は，第1段階の減量経営がすみ，第2段階の施策経営に入ろうとしている。そして最終的第3段階の政策経営段階に到達できるかどうかである。

行政管理方式は，ラスパイレス指数がかなり低下した現時点では，もはや大きな財源削減効果は期待できないが，給与以外の手当・退職金などでは，減量の余地は残されている。

また「官公格差」から「官民格差」へ，さらに「職階・職種格差」へと，比較基準を転換させていけば，それなりの削減が期待できるが，それには給与に対する方針を，施策・政策経営へとスライドさせていかなければならない。

行政経営方式の戦略は，人事・給与政策においても委託方式が，効果的施策となる。外部処理方式で，職員数も給与水準も低下するが，職員・

第2表　経済成長と人事給与関係

項　目	高度成長期	低成長期	転換期の対応
地方財政環境	規模の拡大	規模の縮小	地方債による財源補填措置
行政組織規模	規模の膨張	規模の圧縮	民間団体への委託方式
公務員数	人員の増加	人員の削減	非常勤・派遣職員の活用
管理職昇格率	昇格率の上昇	昇格率の低下	専門職ポストの人為的創出
人件費比率	比率の低下	比率の上昇	職員削減・臨時職員代行
平均給与単価	単価の抵下	単価の上昇	早期勧奨退職の導入
給与水準	高水準の維持	低水準の傾向	ラスパイレス指数の平準化
退職金負担	高額支給	低額支給	別枠退職金支給措置の禁止
共済年金額	高水準・優遇措置	低水準・優遇縮小	再雇用制度の新設・適用

組織としての抵抗も比較的すくない。

　政策経営方式では，年功序列賃金の廃止・職階制の導入を，最終的目標にして，行財政システムの変革をめざす。当面の課題は，給与表の変更であり，"わたり"の抑制（係長職へのわたり禁止），中高年昇給率の縮小（50歳以上昇給停止），職種別給与表作成（技能労務職給与表作成）などである。

　人事システムにおいても，自治体の幹部職員は，天下り職員，生え抜き職員，そして一般公募の市民で，ポストをあらそうべきである。イギリス・アメリカでは，新聞広告による一般募集は，普遍的システムである。[1]

　自治体の給与行政の苦悩は，構造的なものである。財政膨張が止まると，中高年化で職員数が減少しても人件費は増加する，手当・本俸だけ

第3表　経営段階と人事給与運用

区　分	給与体系	人事方針	給与抑制方法
行政管理型	年功序列体系	情実人事	ラスパイレス指数
行政経営型	職階制職務給	試験方式	外郭団体民間委託
政策経営型	能力成績主義	公募方式	人事給与制多様化

でなく，退職金・共済年金などの優遇措置の縮小・廃止をしなければ，追い付かない窮地に陥る。

　この構造的要因に対して，減量化措置の対応は限界がある。さらに人件費問題のむずかしさは，人事給与システム改革の効果が，極論すれば20～30年かかることである。退職者不補充という便法も，完全効果には30年が必要となる。

　自治体の人事給与対策で，一般的には減量化一辺倒の施策が導入されているが，減量化がある程度すすむと，削減への抵抗力も増大していく，一律削減方式は次第に合理性を喪失し，自治体内部のコンセンサス形成

が困難となるからである。

　減量化の過程で，人事給与制度の不合理を変革していかなければ，それ以上の減量化は阻止されてしまう。したがって減量化は，人事給与体系の矛盾を淘汰する，改革でなければならない。

　いずれにせよ自治体の人事給与システムも，ビッグバンは避けられないのであり，従来の行財政システムを変革して，新しい行財政システムをつくれるかどうかである。

　第4に，科学的改革でなければならない。すなわち計画的な改革であるため，人件費の費用効果分析を適用していき，改革の効果を測定していくことである。

　具体的には人事給与改革の施策は，第4表にみられるように給与水準に限定されることなく，多彩な施策が可能であり，自治体の選択・選別が問われるのである。

　自治体の人事給与行政は，定数・給与削減などの財源的要請にこたえることで精力を消耗しているが，今後の変動・変革を考えると，人事給与担当者の専門職化が必要となる。

　高齢化・国際化・技術化などの環境変化に対応した，人事給与体系の形成が迫られている。

　具体的には自治体人事給与政策の焦点は，年功序列賃金の淘汰による

第4表　人件費対策の概要

区　分	削減措置	具　体　的　措　置
定数管理	人員削減	民間委託・外郭団体への事務事業移管・退職者不補充
人事方針	成果能力主義	試験制度，勤勉手当格差，目標管理制度
給与水準	給与体系是正	ラスパイレス指数抑制・高齢者給与昇給停止・わたり廃止
給与体系	職種格差是正	一般行政職・技能労務職の官民格差調整
付加給付	各種手当廃止	特殊勤務手当廃止・超過勤務抑制・住宅手当廃止
退職金	支給額削減	早期退職奨励・支給月数抑制・再雇用制度との交換

職階制の復権で, 第3図にみられるように, 実質的平等主義から平等選別主義へ, さらに人事給与多様化から業績能力主義への移行である。

第3図 地方公務員賃金体系の構図

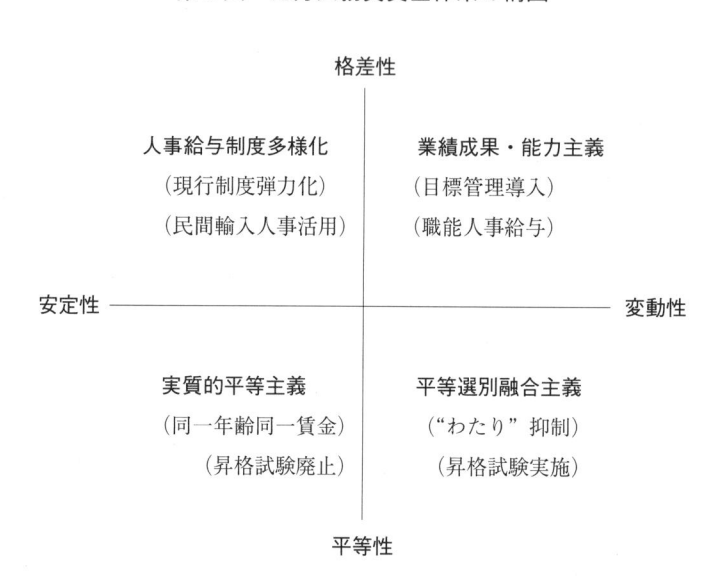

```
                         格差性
                          |
         人事給与制度多様化 | 業績成果・能力主義
         (現行制度弾力化)  | (目標管理導入)
         (民間輸入人事活用)| (職能人事給与)
                          |
安定性 ───────────────────┼─────────────── 変動性
                          |
         実質的平等主義    | 平等選別融合主義
         (同一年齢同一賃金)| ("わたり"抑制)
         (昇格試験廃止)    | (昇格試験実施)
                          |
                         平等性
```

イギリスでも直営部門の人件費は割高であり, 民営化が推進されたが, サッチャー改革では有名な強制的競争入札制度(CCT)によって, 民間事業者と直営部門は落札価格を争い, 敗北すれば直営部門でも廃業となり, 職員は失業する羽目になる。きわめて強引な方法で, 技能労務職の賃金を市場競争の原理にさらさせた。

日本では労働市場が非流動的であるので, 強制的競争入札制度は導入不可能であるが, 基本的戦略としては利用の余地がある。

日本では高すぎるサービス人件費を回避する方法として, 民間委託という迂回方法が採用されているが, 賃金の官民格差を明確にして, 一般行政職との連動性を遮断するのが, 本来の賃金体系のありかたではなかろうか。

イギリスの人事給与システムは，賃金に格差があるのは当然で，昇給の機会を平等に与えて，各個人が努力して等級を試験で上がっていくシステムとなっている。

（１）　アメリカの地方公務員の人事給与制度の運用については，高寄昇三「アメリカ地方自治の実際」（財）神戸都市問題研究所『都市政策』（第58号，平成元年12月），イギリスの場合は，『現代イギリスの地方自治』（平成8年12月，勁草書房）159～164頁参照。

第 2 章　人件費と地方財政構造

1 財政再建と人件費削減

　地方財政の窮状は，説明するまでもないが，この長期的財政窮乏化のもとで，自治体は財政再建にどう対処したかである。平成不況は，一律削減といった対症療法では，処理できない重症であり，構造改革が焦眉の案件となってきた。
　旧自治省の指導のもとに，ほとんどの自治体で行財政改善委員会を設置して，財政再建を模索してきた。しかし，その成果は人件費の削減，事務事業の見直し，使用料手数料の引き上げなどであり，切開手術をともなう肝心の構造改革はなされていない。
　兵庫県宝塚市（平成11年度歳出規模815億円）の「行財政改革推進計画」（平成8～12年度）における，5年間の累積削減額は88.7億円で，経常費ベースでは1年では約2％の削減であるが，典型的な減量経営である。
　第1に，人員削減で13.8億円，ラスパイレス指数低下で9.9億円の合計23.7億円26.7％をしめている。しかし，ラスパイレス指数も100ポイントに接近しており，限界なしに給与水準をきり下げていく訳にはいかない。
　また人員削減も，当初はともかく一定限度をこえると，削減は行政サービスの低下，職員の労働強化につながり，施策の転換を迫られる。
　第2に，事務事業見直し・経常経費削減が32.5億円で，財政当局の常套手段は，経常費の5％削減で，1年6.5億円の累積額32.5億円である。このような紋きり型の削減は，全国の自治体で行われている，日常茶飯事のケチケチ作戦であるが，そろそろ限界である。
　第3に，使用料・手数料の値上げ額20.0億円，医療費所得制限・市民団体補助金廃止・敬老祝金廃止など11.0億円の合計31億円は，結局は住

民への負担転嫁である。財源不足を市民に転嫁する愚策は，もともと許されざる選択肢である。

　第4に，削減実績で注目すべきは，民間委託方式導入の進展がなく，経費削減額は0円として計上されている。ごみ収集・学校給食など，労務サービスの大口が組合の反対で，5年たっても何らの成果がみられない。今日でも組合の直営方式への固執が，如何に強いがかがわかる。

　民間委託といっても，現在の技能労務職の首切り・整理でなく，その職は定年退職まで保障されるのであるから，反対の理由は組合勢力の減少か，直営方式への信奉しかない。このような説得性のない理屈で，経費削減が阻止され，その分だけ住民負担へ転嫁されている。

　ただ、ごみ収集については組合交渉で，民間委託率を引き上げることに合意をみている。しかし，学校給食については委託方式は，デッドロックに乗り上げたまま，5年間を無為に過ごしている。

　結局，経費削減は人件費・経常費・住民負担などで，生みだされているが，民間委託のおくれが目立つ。このような自治体の経費削減状況をみていると，削減システム・施策において，必ずしも効果的で有効な改善策がとられていない。

　第1に，自治体が，自治体内部で懸案を処理しようとしても，実施できないから委員会を設置したのである。しかし，肝心の事務当局が委員会に，最善の解決策を策定していく，勇気ある提案を出してこない。

　自治体は，直営・民営方式のメリット・デメリットは何かを，委員会に諮問し，オープンに検討すべきである。自治体内部の行政・組合の理屈だけでは，微調整で改革は無理である。給与システムでも同様で，自治体内部の給与格差是正などは，自治体自身ではできないことを自覚すべきである。

　第2に，このような行財政改善委員会では，財政運営における重要課題について，検討事項とされないケースが多い。この委員会の場合も，公共投資の選別評価，外郭団体の整理統合，公共サービスの民営化，人事

給与システムの再編成などは改革試案もない。人件費においても，年功序列賃金体系の見直しという，システムの改革にはメスは入れていない。

第3に，財政再建といっても結果的には，削減に対する抵抗力の弱い分野での削減か，一律削減で反対の緩和を図っていくという，姑息な対応である。人件費では，民間格差の大きい技能労務職賃金を，民間委託で軽減するシステム変革がまったくなされず，システム再編成をめざす改革は，糸口すら見いだせない。

実際，自治体の人件費への対応は，きわめて生温い。『市町村別決算状況調』(平成11年度)にもとづいて，大阪府下の市の財政指標(経常収支比率上位10位)は，全国最悪であり，減量経営で事態をごまかす状況にはない。

第1に，大阪府下33市のうち10市が，経常収支比率100以上であって，全国でも最悪の地域である。人件費・公債費とも指標はかなり悪い。ことに人件費比率が50％以上の大東市，47％の池田市などは，まさに給与支払団体の感を免れない。

全体としては大阪府下の都市自治体の対応は，歯痒い感じがする。たとえば平成8～11年度の3年間の動向をみると，経常収支比率で豊中市は97．6％から103.2％に，泉佐野市は94.7％から109.4％に，大東市も，96.2％から106.5％に悪化しているが，給与・退職金の改革はなされていない。

第2に，職員数は平成8年度の8万1,139人から，11年度には7万9,245人と減少しているが，職員費がふえている。原因は高齢化で，一人当りの給与水準が上昇したからである。

また大東市の場合，人件費比が45.8％から50.6％へと上昇しているが，職員基本給より退職金が7．6億円から13.0億円と71％も増加しているのが響いている。今後，自治体財政が対応する，退職金問題を先取りした形となっている。

このような人件費の動向は，大阪府下の自治体のみでなく，すべての

自治体に共通する対応の甘さである。要するに人件費への警戒感が弱く，財政指標の全国的対比からみて，真剣に削減を実施すべき，危機的状況にあるという自覚が欠落している。

　第1に，人件費はその性質上，削減は短期にはできない。人件費は，下方硬直性があり，経費節減には厳しい対応がのぞまれる。「人件費は財政支出上の義務的経費に属し，しかもたやすく減少することがないという性質，硬直性をもっている」[1] のである。

　それは「給与問題の処理を誤った場合，単年度の収支に悪影響を及ぼすだけでなく，後年度に引き続き財政負担をもたらすことは明らかであって，それを是正しようとしても，いわゆる既得権論争を招くことは必然といってよく，尋常な努力をもってしては容易に目的を達成できない」[2] のである。

　したがって事務事業の過剰支出は，削減が容易で比較的性質のよい赤字であるが，人件費の赤字は，「構造的な赤字で，これを克服するには思い切った大手術が必要であり，かなり悪質である」[3] といわれている。人件費は一旦，職員として採用すると，過剰人員となっても，給与負担は発生するのである。

　したがって地方財政の健全化のためには，その前提条件として「何はさておき，不必要な労働力を抱え込まないことが，新しい人事管理のイロハである。ここが抜けていたのでは，能力主義もへったくれもない。特に終身雇用制が定着しているわが国においては，急激な雇用量の調整は至難である」[4] と力説されている。

　人件費は財政運用において，もっとも警戒すべき支出とされている。なによりも人件費の財政圧迫要素が，財政運用・財政再建からみて，無視できない要素である。

　第2に，人件費は地方財政においても巨額である。地方財政の実質的人件費は一般会計以外に公営企業会計の人件費もあり，平成13年度普通会計で26兆8,383億円（272.3万人），公営企業3兆4,415億円（41.8万人）

で，全体では30兆2,796億円（314.1万人）となる。外郭団体等の関連機関をあわせると，32兆円になるであろう。

　財政構造からみても，人件費は削減対象として狙われやすい。平成12年度の人件費の歳出構成比で27.5％（平成11年）と，4分の1以上をしめている。公共投資費が地方財政悪化の槍玉にあげられるが，25.0％であり，公債費は11.0％である。

　第3に，人件費の削減効果は大きい。一人当りの人件費は，平成13年度の地方公営企業をふくむ，地方公務員数314.1万人であるので，一人当りは964.0万円となる。40年間勤続すると，3億8,560万円となる。年金を15年間とすると，平均400万円×15＝6,000万円で合計4億4,560万円となる。

　もっともこの試算は，現在の中高年化した人件費をベースとしてしているので，今後の財政負担は，平均給与は約800万円，勤続年数は40年とすると，3億2,000万円となり，年金を同額とすると3億8,000万円となる。

　また人件費における人員削減効果は一人当り年間900万円であるが，外郭団体・民間委託化すると，半分として400万円の節減効果があり，しかも継続的効果が見込まれ，5年で2,000万円となる。また雇用形態を改正し，中期の補助職員制度を創設しても効果は同じである。

　人件費の削減効果は，物件費のように具体的にサービス・費用の削減となってあらわれないので，削減効果が過小評価されがちである。しかし，約400万円という節減を，物件費・サービス費で削減しようとすると，事務事業の停滞，職員の労働強化など，さまざまのデメリットに悩まされる。

　人件費は物件費にくらべて，自治体の警戒感が薄い。極端な事例では自治体財政当局は，事務費を数パーセント削減し，人件費がその分増加しても，財政削減は成功したと錯覚している。自治体で定期刊行物の発行部数を削減するくらいなら，特殊勤務手当整理の方が，はるかに金額

的には大きい。

　事務事業は，毎年，予算計上され，個別に支出命令が切られるが，人件費は一度採用すると，個別の支出命令はなく，全体として人件費を計上するので，地方債と同様に財政圧迫感が間接的である。

　しかも自治体関係者は，人件費は聖域としての信奉も厚い，自治体が行政サービス団体であるから，人件費などの支出が上昇するのは，むしろ好ましい兆候であるとの反論があるが，それは"ためにする理論"である。なぜなら自治体が，人件費を抑制しながら，市民サービスをふやすことも可能であるからである。

　第4に，人件費削減のマイナス効果が過大視されがちである。しかし，実際は公務生産性には大きな影響はない。

　財政政策的側面からの給与人員の削減は，「公務員のモラルが著しく損なわれたのはもちろんのこと，…………人材確保にあたって給与のもっていたインセンティブを大きく低下させた」[5]との批判があるが，一般的には必ずしもそういえない。

　地方公務員は，一般行政職のみでなく，技能労務職もふくめて，給与水準が勤労意欲を阻害することはない。地方公務員の勤労意欲が高いのでなく，給与システムが出来高払いではなく，基本給システムであり，1,000万円の給与額が900万円になっても，勤労意欲をそこなうとか，転職を促すような水準低下ではないからである。

　ただ新規採用の初任給水準切り下げは，人材確保には多少マイナスに影響するが，それでも公務員の安定性が，世間一般に認識された昨今では，優秀な人材を集められない水準ではない。

　むしろ憂慮されるのは，管理職制度の実質的な崩壊である。近年の人件費削減において，管理職は狙い撃ちにされ，給与カット率も高く，管理職受難の時代を迎えている。その結果，兵庫県芦屋市・東京都千代田区など，多くの自治体で申告制にもとづく，降格制を導入しだしたことでわかる。

このような降格制度のひろがりは，高齢者介護・生活重視など，公務員の意識の変革の表れであるが，反面，給与面における管理職のメリットが，実質的にきわめてすくないことを示しいる。

　自治体関係者は，管理職と一般職との給与格差がどれほどが適正か，また今日，給与格差がどれほどあるのかを分析したことがあるのであろうか。戦前は数倍，戦後でも2倍はあったが，現在では係長では格差はなく，部局長で1.5倍以下である。

　現在の自治体財政再建は，経費節減でシステム変革をともなっていないので，人事給与体系の非近代的要素は，かえって肥大化している。経費削減に成功しても，自治体は政策・施策形式に失敗し，さらなる浪費システムに悩まされるであろう。

　(1)・(2)　人事制度研究会編『市町村の労務管理』(以下，人事研究会「人事管理」) 102頁。
　(3)　人事研究会・前掲「人事管理」102・103頁。
　(4)　荒巻・前掲「人事管理論」21頁。
　(5)　西村・前掲「公務員給与政策」261頁。

2　人件費と地方公務員数

　地方財政における人件費の推移をみると，第1に，人件費は，従来から財政硬直化の元凶として警戒されてきた。人件費の歳出構成比が，昭和45年度の32.7％から50年には36.3％になり，5年間で3.6％も比率が増加した。

　昭和50年度は都道府県で42.0％，市町村で27.2％のピークを記録したが，その後は低下している。45〜50年で，公共投資は34.6％から29.7％に低下している。この間の増加は，人件費の硬直性を考えると，憂慮すべき兆候である。人件費は，一般財源の比重が高く，昭和50年度では81％で，府県75％，市町村90％となった。

　このような一般財源の負担について，「使途の制限のない一般財源のうちこれだけの部分が人件費によって拘束されているということは，地方財政の非弾力性・硬直性の高さを端的に示している」[1]と，強い危機感をもって整理合理化の対象とされた。人件費における一般財源比率は，平成13年度でも83.5％と，依然として高水準である。

　第2に，近年の動向をみると，人件費は減少傾向をたどっている。マクロでは，地方財政のサービス化にもかかわらず，人件費の減少は，ラスパイレス指標の平準化効果である。しかし，近年の人件費抑制努力にもかかわらず，地方財政指標は，地方財政支出の構成比は27％台と，文字どうり下方硬直性をしめしている。

　平成7年度26.1％，9年度27.6％，11年度26.2％，13年度27.5％と，増加傾向であり，厳しい財政環境をすこしも反映していない。しかも民間委託もそれなりに実施されていることを考えると，1割以上は減少しなければならない。

第3に，人件費の支出内訳は，第5表にみられるように職員費が3分の2をしめているが，注目されるのは共済組合負担金が，次第に上昇している。昭和50年度6.9％，55年度9.5％，60年度11.7％，平成2年度12.3％，7年度13.0％，13年度13.2％となっている。

　意外なのは退職金は，昭和45年度6.9％から50年度には8.1％，55年度には9.5％となり，退職金批判が高まったが，60年度は9.4％となり，平成2年度は6.5％と低下しているが，退職金見直しの成果といえるが，13年度は8.0％と増加している。

　経費支出の内訳は，退職金の比率は，昭和50年度以降，支給額の抑制がきいて減少しているが，人件費のうち高度成長期に大量に採用した職員の定年が迫っており，退職金支出などの地方財政圧迫がすでに憂慮されている。

　しかも将来，公共投資費の比率が低下し，サービス行政費が増加してくると，人件費の運用が地方財政における重要課題となってくることは明白である。一方，共済組合費などは，自治体職員の中高年化を反映し

第5表　人件費の内訳　　（単位10億円）

区　分	平成2年度		平成7年度		平成13年度	
	金額	比率	金額	比率	金額	比率
職　員　給	16,680	75.3	19,450	75.3	19,841	73.9
基　本　給	10,292	46.2	12,065	46.7	12,683	47.3
その他手当	6,364	28.6	7,360	28.5	7,139	26.6
臨時職員給与	24	0.1	25	0.1	19	0.1
共済等負担金	2,766	12.3	3,367	13.0	3,536	13.2
退　職　金	1,691	7.4	1,686	6.5	2,141	8.0
そ　の　他	1,131	5.0	1,325	5.2	1,320	4.9
合　　計	22,268	100	25,828	100.0	26,838	100.0

資料　『地方財政白書』

てふえている。

地方公務員の推移は，どうなっているか，従来，行政サービスがふえれば，地方公務員数を増加すべきと考えられ，自治体の定数管理職員数の枠組みをひろげてきた。

しかし，行政サービスは，事務事業のOA化・電子化，民間委託化で，事務事業量がふえても，職員増加をきたさない方法がある。地方公務員数の推移をみてみると，次のような点が注目される。

第1に，地方公務員の人数は，第6表にみられるように増加の傾向にあったが，昭和50年代後半から減少傾向にある。高度成長期，昭和36年の171万人が，昭和46年には222万人となり，昭和56年には282万人と急増した。

昭和61年には281.8万人と減少傾向になったが，平成10年は281.9万人，11年280.3万人が，12年277.7万人，13年は272.3万人，14年270.7万人と3年間で12万人近い激減をみており，減量化がようやく本格化した感がある。

第6表 地方公務員の年次推移（4月1日現在）（単位 千人 %）

区　　分	昭36	昭46	昭56	平3	平14
一般行政関係職員	676	919	1,161	1,143	1,096
民　　生	8	153	276	273	265
衛　　生	74	130	185	180	171
土　　木	107	151	183	186	178
そ の 他	392	462	497	492	482
教育関係職員	842	1,022	1,293	1,302	1,186
警察関係職員	149	214	242	252	263
消防関係職員	39	72	124	135	155
合　　計	1,706	2,217	2,820	2,832	2,700

資料 各年度『地方財政白書』

地方公務員数の抑制に成功した背景には，ＯＡ化などの事務効率化もあるが，単純事務の民間委託・外注化などの間接方式の普及によるところが大きい。

　なお都道府県と市町村との職員構成比は，都道府県の場合は義務教育費を分担しているので，平成14年では教育関係職員が62.9％，警察関係職員17.1％を占め，一般職員は18.8％と，小中学校教員費を負担しているので，教員比率が圧倒的に多い。

　市町村の場合，教育関係職員は19.0％，民生関係職員20.0％，衛生関係職員11.5％，消防関係11.7％，議会・総務17.6％と，サービス行政機関としての性格が強い。

　第2に，地方公務員の職種別では，第7表にみられるように職種で区分されているが，平成12～14年では，一般行政・技能労務職・教育職などで人員削減がすすんでいる。ことに技能労務職は8％の減少である。ここ2・3年で急激に減少しているが，平成の当初から，減量化をしていれば，無理なくより多い減員できていたであろう。

　地方公務員のうち，代表的な一般行政職は3～4割で，教育・医療・警察・消防職員などのきわめて高度の専門職員が多い。このような専門行政職員は，民間化によってもコストは軽減されず，自治体の必須行政として，減量化はきわめて困難である。

　したがって地方公務員の削減は，一般行政職と学校給食・保育所・清掃環境関係職員などのサービス職員に絞られる。

　第1に，教育職員でも学校給食職員は，教員とは異質の業務である。昭和33年度2万5,000人が43年には4万2,000人に増加している。以後，学校給食センター方式の導入などで統計上は，給食センター要員しかわからず2万人前後で推移している。

　第2に，一般行政職でも衛生職員のうち，清掃職員は昭和33年2万4,000人が43年には5万4,000人に増加している。しかし，第8表にみられるように，50年の8万4,000人をピークに減少している。

第7表　地方公務員の種類別職員数（平成14年）　　（単位 人,%）

区　分	職員数（平14）A	構成比	職員数（平12）B	構成比	増減＝A-B
一般行政職	1,057,352	33.6	1,075,788	33.6	△18,436
看護・保健職	159,616	5.1	161,364	5.0	△1,748
福祉職	131,397	4.2	132,859	4.2	△1,462
消防職	152,642	4.9	151,690	4.7	952
企業職	152,833	4.9	153,637	4.8	△995
技能労務職	235,662	7.5	258,207	8.1	△22,545
教育職	899,234	28.6	916,290	28.7	△17,056
その他教育職	11,323	0.4	11,346	0.4	△23
警察職	233,583	7.4	230,602	7.2	2,981
臨時職員	4,781	0.2	5,038	0.2	△257
技術専門職	102,875	3.2	104,234	3.1	△1,359
合計	3,141,107	100.0	3,201,055	100.0	△59,948

注：一般行政職には税務職をふくむ。技術専門職は，海事職・研究職・医師・薬剤師などである。
資料　総務省「平成13年地方公務員給与実態調査」『地方公務員月報』（平成14年4月）58頁。

第8表　行政サービス関係職員数の推移　　（単位 人）

区　分	昭和50	昭和55	昭和60	平成7	平成12
清掃関係職員	84,217	74,643	70,348	63,074	55,631
保育士等	108,384	138,686	136,652	133,822	130,328
技能労務職	375,779	386,777	361,325	306,510	258,207
公営企業職員	327,637	350,469	363,946	402,282	418,056

資料　『地方財政要覧』

　第3に，保育士も昭和43年の4万6,000人から，50年には10万8,000人に増加したが，55年をピークに減少している。

第4に，技能労務職も同様で，昭和43年に28万1,000人から，50年37万5,000人に急増したが，55年をピークに減少している。

　第5に，公営企業職員をみると，平成12年度では41万8,056人で，前年度から1万3,353人増加している。介護サービス1万5,934人の新規増加である。職員構成は病院職員が23万3,273人で55.8％で，水道職員6万3,541人，交通職員3万9,945人，下水道職員4万2,601人である。

　しかし，年次推移では昭和50年度の32.8万人から平成12年度41.8万人と約9万人増加している。病院職員が昭和50年度13万6,742人から23万3,273人へと9万6,531人増加したのが原因である。

(1)　矢野浩一郎『地方税財政制度』204頁。

3　定数削減と給与抑制

　現在の自治体人事行政は，中高年職員の増加に頭を悩ましている。人件費の単価が高い，退職金支出額が大きい，役職ポストが不足しいる。もし先にみたように自治体職員の雇用制度を弾力化していれば，このようなことで苦労することもないであろう。

　自治体の人事政策において，定数管理が課題となっているが，実質的には定数管理システムは，機能しないのである。それは事務事業の処理方式の多様化が，次第に自治体に浸透しだしたからである。

　たとえば庁舎管理の定数は，極論すれば徹底した民間委託方式を導入すれば，事務管理職員数人ですむが，直営方式で対応すれば，数十人は必要となる。どのような方式で事務事業を処理するかで，定数は激変するからである。

　地方財政の悪化は，制度改革はそのままで，「職員数の削減」という究極の人事削減措置の導入を余儀なくされている。たとえば大阪府は平成13年度に府税の超過課税と引き替えに，職員数3,000人の削減，約2割の削減を目標としている。

　和歌山市も平成13年5月29日，行政改革推進本部議会で，現在の約3,800人から3,000人体制にする方針を決定した。約2割減の厳しい削減である。

　同市はすでに平成10年度から14年度までに200人の削減計画をたて，事業系ごみ収集などの民間委託で，166人を削減しておりさらなるリストラである。

　しかし，自治体の定数削減は，文字どうり定数の削減であり，定数外方式の対応で脱法的措置となりかねない。和歌山市の計画では保育所・

幼稚園の民営化，粗大ごみ収集や水道管理業務などの民間委託などの外部委託方式と，支所・連絡所の統廃合などの施設再編成である。

要するに定数削減といっても，さまざまの対応が可能で，典型的方法が外郭団体による公共施設の全面運用委託で，定数は減少したが，定数外職員は増加しており，実質的削減か形式的削減か検証しなければならない。

第1に，実際は即時に職員のいわゆる首切りを実施する方法である。民間企業で倒産の危機に見舞われると，従業者の整理が行われる。自治体の人件費見直しといっても，人員整理をともなう荒療治はまずない。退職職員の不補充による長期的な削減方式であり，既得権は100パーセント近く保障されている。

実質的削減としては，機械化などの事務処理合理化で，公務生産性を1割向上させれば，職員1割削減が可能となるが，それでも計算どうりにはいかない。したがって急激な定数削減は，過剰人員を発生させるだけである。

かつて大都市自治体で，路面電車廃止で電車の運転手・車掌などを，一般会計で一時に大量に受け入れたが，定数外職員として長期に抱えこみ，財源的にも事務事業処理にも大きな負担となった。

第2に，人件費削減は，退職者不補充の方法でも完全に実行すれば，かりに職員が平均40年在職すると，新規採用者がゼロとして1割削減は4年間で達成できる。

もっとも事務事業が減少しない以上，ストレートな退職者不補充はできないが，事務事業削減・外部化，臨時・派遣職員の導入などの措置と並行して採用していくことになる。自治体は人件費削減は早期に着手して，実質的な労働強化を回避しながら，確実に定数削減を実施する，手堅い方式しかないことを認識すべきである。

事務事業の民営化によって，行政事務の実質的な削減をなす方式で，従来，当該事務に5人関係していれば，4人の削減が可能となる。全員

が削減できないのは，民間委託の管理事務が，自治体事務として残るからである。

埼玉県志木町は，平成14年8月に「地方自立計画－地方都市再生事業」を策定したが，20年後に正規職員を現在の619人から50人にまで減らす，その代わり行政サービス維持のため，有償の市民「行政パートナー」を採用する方針である。

穂坂邦夫市長は，「真の地方自治を確立したい。まちを形成した原点である。村落共同体に転換し，市民と職員が協働するローコストで運営される21世紀型自治体を構築したい」と説明している。[1]

しかし，自治体行政には，課税事務のように民間委託できない事務もあり，民間委託処理の管理要員が必要で，一般行政職では現在の職員の半減が限度であろう。

第3に，職員削減といっても実際に実質的な職員数の削減が，実施される保障はない。外郭団体に事務事業を移管し職員も異動発令すると，形式的には職員数は減少することになる。

当該自治体が，新規の事務事業を開始し，外郭団体で処理する場合，派遣職員は削減対策外かどうか不明確である。しかし，削減は一般的には総量規制であるので，新規事業の増減は問わないとされているので，従来の公的セクターの発想からすると厳しい算定となる。

人員削減が，労働強化となるか疑問である。公務員の労働条件が如何に優遇されているかは，御用納めと称して，年末は28日で勤務を終わっている。もし民間並みに30・31日まで勤務すると，超過勤務・休日出勤手当だけでも，全国で100～200億円は浮くであろう。

定員削減が行われても，短期雇傭者，いわゆるパートタイマーなどが補充要員と採用されるので，実質的には労働強化にはならない。それでも地方公務員として職員数は，たしかに減少した計算になる。

地方行政における事務処理方法は，それほど効率的ではない，決断・判断力の不足から不必要な会議・資料が多く，マンパワーを浪費してい

第9表　地方団体別ラスパイレス指数の年次推移

区　分	昭和43	昭和49	昭和53	昭和58	昭和63	平成7	平成14
都道府県	108.1	111.3	107.2	106.2	104.5	103.6	102.2
指定都市	124.0	116.1	111.4	109.4	107.6	105.3	103.4
市	107.9	113.8	110.5	109.0	105.4	102.9	101.2
町　村	89.4	99.2	99.0	98.3	96.8	96.5	96.0
特別区	—	—	110.4	109.4	117.0	104.2	102.1
平　均	105.7	110.6	107.3	105.9	103.4	101.8	100.6

注：調査はいずれも4月1日現在
資料：地方公務員給与統計研究会編『地方公務員の給与とその適正化』平成13年版、1頁。

る。したがって事務事業処理システムを変更し，処理能力・技術を向上させていけば，実質的な仕事量はふえない。

　自治体行政にはムダなシステムが多い。たとえばさらに決断なき行政スタイルが，会議・合議の時間の浪費をうみだしている。このように人件費節減は，事務事業システムの改善で対応できる事例は，きわめて多いのである。[2]

　地方公務員の給与水準をみてみると，昭和50年代，国・地方の間で論争されたが，給与水準は第9表のように次第に低下していき，平成13年にはラスパイレス指数は，ついに100.5になり，平準化の目標はほぼ達成されたかの感がある。

　今後の地方公務員の給与問題は，行政サービスの質などに対応した，給与水準への再編成をめざすべきである。しかし，地方公務員の平均給与額は，中高年化によって上昇している。地方公務員（一般行政職）の平均給与額は，平成元年の25万8,472円から6年31万4,566円，12年35万4,681円と着実に上昇している。

　なおラスパイレス指数は，一般行政職の比較であるが，技能労務職は

約26・28％の格差があると推計されている。もし自治体の技能労務職が国家公務員ベースの給与とすると、平均年収800万円×24.8万人×0.27＝4,357億円節減が見込まれる。

　警戒すべきは退職金で、全地方団体で年齢構成は、平成14年現在で30歳未満15.1％, 30～39歳25.5％, 40～49歳32.0％, 50歳以上は27.4％で、13年より1.0％上昇している。今後、当分は退職者は増加傾向にある。

　現在、平成13年度の退職者は16.0万人で12年度より、3.6万人も多い多いが、50～55歳がピークで23万人前後となる。現在の2倍以上の退職金支払になるが、平成11年度の1.8兆円の2倍で3.6兆円程度の支出となる。ことに高度成長期に職員数が激増した、人口急増都市は、ここ10年間は大量の退職ラッシュに見舞われる。

　全地方公共団体の職種別平均給料月額は、第10表のようになっている。医師・歯科医などの専門職が高いが、看護・保健職は低いが、平均年齢が3.4歳わかいので、2.3万円程度の補正が必要となり、34万円台になるが、それでも低い。

　技能労務職は反対に3歳程度、年齢は高いので、2万円程度補正すると、35万円程度になる。結局、地方公務員給与は、医師・教師などの専門職は高いが、その他の看護職・小学校教育職、消防・警察職などでの給与格差はないといえる。

　技能労務職が平均給与で比較低いが、管理職層が少ない人員構成の結果ではなかろうか。職階と同様に職種においても、医師などの例外はあるが、一般職種では基本的には大きな格差はない。平均給料月額は、平成11～14年の3年間で2.42％の上昇率と着実に伸びている。

　なお地方公務員の平均年齢は、確実に上昇しており、昭和43年度は36.7歳が63年には39.5歳、平成14年42.2歳と上昇している。なお都道府県42.5歳、指定都市42.6歳、市42.3歳、町村41.7歳と、府県より市町村のほうが、年齢はやや高い。

第10表　職種別平均給料月額（平成14年度）

区　分	平均給料	平均年令	11年度対比給料差	11年度対比年令差
全　職　種	368,297	42.2	8,688	0.7
一 般 行 政 職	358,764	42.3	10,600	1.0
医　療　職	515,039	42.1	7,408	0.4
看 護 保 健 職	315,191	37.5	6,510	0.7
消　防　職	349,188	41.1	7,745	1.0
警　察　職	378,233	42.0	782	0.2
企　業　職	348,360	41.9	4,332	0.0
技 能 労 務 職	329,371	45.6	6,435	0.4
小中学校教育職	404,527	42.7	14,958	1.4
その他教育職	414,966	44.9	9,484	0.8
臨　時　職　員	193,782	46.2	3,202	△0.3

資料：総務省「平成14年地方公務員給与実態調査」『地方公務員月報』（平成15年4月）70頁。

（1）　埼玉新聞平成14年8月21日
（2）　事務事業処理システムに改善事例として,卑近な事例が地方議会における質問の事前聴取方式である。そのため本庁の全職員が深夜まで待機している。議員の質問は前々日の午前12時までとして,提示がなければ質問資格を失うようにすればよい。また事前通告制度を廃止し,議会は首長が即応することにすればよい,要するに首長が対応できない,些細なことは質問しないことにすればよい。

　　また少額の特殊勤務手当は,手当の財源より,記帳・支出などの財務管理コストの方が多い手当もあるが,廃止すべきである。また会計処理が面倒な事務事業は,内部処理事務だけでも外郭団体へ委託したほうが事務量は大

きく減る。官庁会計はきわめて煩雑であるので,消費税5%を支払っても効果はある。

　自治体で行政評価を導入しているが,行政評価と財政課の予算編成,人事課の人事管理が,関係なく実施されているが,行政評価の実績をベースにして,予算人事組織管理は処理されるべきである。

4　給与行政と説明責任

　自治体の給与の実態は，実はこのような全国的統計データでは，はっきりしないのである。情報公開の一環として，近年では多くの自治体で，給与状況を公表するようになった。全国統計では都道府県・市・特別区では99.9％，町村で66.1％である。

　兵庫県西宮市の給与公表は「西宮市政ニース」（平成14年11月25日）では1頁をさいて掲載されているが，問題点は次のような点である。

　第1に，給与状況数値の羅列であって分析はない。(1) 人件費の状況（普通会計計算)，(2) 職員給与費の状況，(3) 職員の平均給料月額・年令，(4) 一般行政職職員状況などが列挙されているが，用語の説明以外に問題点の指摘などはない。たとえば給与総額の数値を提示されても，一般市民はどのに問題点があるのかわからない。

　第2に，内容にふれてみると，人件費総額が385億7,947万円，構成比が25.85％で，昨年度は24.39％と数値が示されている。約1.4％以上の上昇しているが説明明はない。

　給与費は274億7,334万円で一人当り給与額は，855万1,000円と数値が示されているが，民間企業との官民比較などはないし，類似団体との比較もなし，職種別でないので比較の方法もないが，市民感覚としてはなんとなく高いことはわかる。

　しかし，一般行政職・技能労務職の担当職員60歳の給与状況でも例示でだすと，市民の義憤を誘発するであろう。

　第3に，職員の平均給与額が，国家公務員との比較，一般行政職・技能労務職と区別して，第14表のように表示されている。ここではじめて具体的に興味のある，数値が開示されている。

この点については，ラスパイレス指数が103.9ポイントである以外の説明はなされていない。年齢差があるが，給料月額40万円水準の定期昇給額は約4,000円で，4.3歳若い国家公務員の一般行政職の給与を補正すると，34万8,000円程度となり，約13.4％高い水準である。

技能労務職では，西宮市の技能労務職給与を7年分引き上げると，36万9,216円（49歳）で国家公務員より，27.0％も高い水準である。技能労務職を一般行政職と比較して，45歳給与に補正すると，35万3,216円となり11.7％との格差がある。

もっとも西宮市の係長以上職員は，全職員1,392人のうち，903人で64.8％であり，給与表における等級が影響していると推計できる。

給与状況については，初任給の状況が掲載されれいるが，大卒で西宮市18万3,200円で，国家公務員は，Ⅰ種で18万4,200円，Ⅱ種で17万4,400円と，Ⅱ種に比較すると1万円程度高い。また高卒では，西宮市15万5,700円，国家公務員15万1,900円と約1万4,000円と大きな開きがある。

第4に，手当の支給状況については，扶養・住居・通勤手当などに多くのスペイスがとられ，肝心の特殊勤務手当は一人当り支給額月額1万1,208円で37種類の手当，その金額は掲載されていない。

なお期末勤勉手当は，国家公務員と同じ4.70月であるが，かさあげ・プラスαなどの措置が行われているかどうかの説明はないし，支給金額

第11表　職員の平均給料月額・平均給与月額，平均年齢の状況

（平成14年4月1日現在）

区分	一般行政職			技能労務職		
	平均給料月額	平均給与月額	平均年齢	平均給料月額	平均給与月額	平均年齢
西宮市	39万4,509円	48万8,334円	44.7歳	34万1,216円	41万3,026円	41.7歳
国	33万2,052円	—	40.7歳	29万731円	—	48.8歳

もない。退職手当も国家公務員と同様で，第12表のように自己都合で60ヵ月，勧奨・定年退職で62.7ヵ月と同様であるが，退職時の給料カサ上げ措置は，国が1号俸であるが，西宮市は2号俸である。

定期昇給額は3,000円程度で，62.7ヵ月で18.8万円程度で，それほど大きな金額にはならない。定年退職金は平均で3,111万6,000円で，平均給付額で勤続年数が長いか，部局長では，3,500万円に達するであろう。

しかし，退職金が勤続年数が長いほど，優遇される理由はみいだしがたいので，極論すればは20年で20ヵ月なら，40年で40ヵ月で十分ではなかろうか，今後，退職金問題が論議されるならば，この累進性を緩和することであろう。

第5に，人事の運用を第13表の「一般行政職の級別職員数の状況」でみると，管理職の比率が上昇している。係長・主査をふくめると，5年前は62.5％が64.0％に上昇している。とくに増加が目立つのは課長補佐クラスであり，職員の中高年化がすすむと，年々，管理職のウエイトが高まり，その重点は係長から係長補佐，さらに課長へとスライドしていくことになる。

しかも職員定数が減少し，新規採用人数が減るとこの構成比は一段と上昇する。このような傾向は，全国的傾向で西宮市に限ったことでない，西宮市の場合は，阪神大震災にもかかわらず人口が増加傾向にあり，この矛盾はいくぶん緩和されているが，人口減少市にあっては，この管理職数の構成比は，さらに悲劇的な症状を呈することになる。

第12表　職員退職手当の基準

区　分	自己都合	勧奨・定年
勤続20年	21.00月分	28.875月分
25	33.75月分	44.550月分
35	47.50月分	62.700月分
最高限度額	60.00月分	62.700月分

なお西宮市の平成12年4月1日の普通会計定数は3,382人（人口100人当り7.99人）で14年4月1日は3,190人（人口100人当り7.30人）と，2年で約192人(5.7%減少)している。

このような自治体の給与状況の公表は，まったくないより，統計データの開示にすぎないが，その意義・効果は大きいと評価できる。情報公開で当該自治体の人件費への自己抑制がはたらくし，ある程度の人事給

第13表　一般行政職の級別職員数の状況（平成14年4月1日）（単位 人 %）

区　分	1級	2級	3級	4級	5級	6級	7級	8級	合　計
標準的な職務内容	主事技師	主事技師	主事技師	係長主査	課長補佐係長	課長	部長	局長	
職員数	11	94	384	345	322	167	47	12	1,392
構成比	0.8	6.7	27.6	24.8	23.8	12.0	3.4	0.9	100.0
5年前の構成比	4.5	7.2	25.8	31.2	17.3	10.2	3.1	0.7	100.0

与行政への指針がうまれてくる。

しかし，専門的にはきわめて不十分である。第1に，公表データがすくない。広報紙のみでなく，人事給与白書を作成し，住民に一般行政資料として公開すべきである。しかもこのような給与公表は，昭和56年10月31日の「自治給第45号」の次官通達にもとづくものであり，西宮市の様式・内容も通達と同様である。

第2に，毎年の退職金のベスト20程度は，公表して，官民・職種格差などについて，市民の批判を仰ぐべきである。また各級の最高給与・年収者の内容も発表も，個人名を伏せて公表すべきである。

国税局は，毎年，高額納税者を発表している。まして自治体給与関係資料は，公的効果もあり，個人のプライバシーはその限りで制限をうけるのも受忍の範囲内である。

第3に，"わたり"の実態を開示し，"わたり"による救済措置の必要

性，"わたり"による給与システムの運用など，密室的運用を廃止すべきである。

　第4に，職員の勤務状況を公表し，育児休暇・昇格試験・長期休職・公務員法違反などの実態を説明する資料を添付すべきである。

　第5に，特殊勤務手当の支給状況を情報公開し，その理由などを説明する必要がある。もちろん退職手当の運用状況も同様である。

　このような人事給与白書の作成は，最低でも人件費をふくめると，数百万円はかかるが，公開情報を自治体行政当局が利用するだけでも，数千万円の効果はあがる。人事給与適正化への一環として，政策情報の収集・作成は不可欠であることを認識すべきである。

第 3 章　給与適正化原則の崩壊

1　平等主義と選別主義

　自治体の人事給与行政が混迷し，年功序列人事給与体系が形成されていったのは，政府の職階制による選別方式と，組合の同一年齢同一賃金による平等主義が対立し，自治体がこの矛盾する方針の解決を，安易な"わたり"で糊塗したからであるが，その影響は広汎かつ深刻なものとなった。

　第1に，給与運用の基本システムの崩壊であった。地方公務員の給与は，給与表の等級システムにもとづいて，勤続年数・等級で給与月額がきまるが，担当・係長・課長・部局長の等級制になっている。

　政府は一般的措置としては，標準的給与表を作成して，自治体の規模におうじて，5～11級制の給与表作成・適用を指導した。旧自治省は，運用で給与水準のかさ上げを画策した自治体には，ラスパイレス指数方式で，平均給与抑制を指導していった。

　しかし，自治体は，担当職員が係長・課長の等級までスライドできる，"わたり"という運用措置を給与システムに適用して，制度と運用が大きくズレる状況になった。

　第2に，このような給与システムの歪みは，自治体の人事体系も職階制も形骸化させ，組織も細分され重層で，非効率な構造にした。多くの自治体で，管理職発令で給与格差を確保するため，管理職の乱発となり，課長補佐以上で，3分の1をしめ，係長以上となると3分の2をしめる，逆ピラミッド型の職制となっている。

　第3に，自治体の管理職乱造で，公務員能率は低下し，担当職員の負担は重くなっている。もっとも近年の自治体は，業務の民間委託，補助職員の採用で，職員の単純労務が減少しており，管理職の比率が高ま

業務内容の変化がみられ，管理職の比率上昇はある程度は容認できる。

しかし，管理職の職務内容は，施策・政策事務にレベルアップすることなく，管理調整事務に精力を消耗しいる。

結局，管理職は本来の政策業務に特化されることなく，現実は給与体系の矛盾調整としての管理職化であり，給与の等級と業務内容とは実質的には必ずしも一致しない。

自治体の人事給与行政は，極論すれば羅針盤も海図もないまま，漂流する無節操な運営がなされている。地方公務員法の原点へ回帰すべきである。

地方公務員法上は，「競争試験の平等公開」（同法第19条）による人材確保，「能力実証主義」（同法第15条），「職務給の原則」（同法第24条）による公務能率の向上の確保，「政治的行為の制限」（同法第27条）による公務の継続性の維持，給与条例主義（同法第25条）による公正な給与運用など，立派な規定が盛り込まれている。

しかし，自治体の地方公務員制度の運用実態は，このような制度の原則に必ずしも忠実ではなく，選別主義と平等主義が混在して適用されている。

第1に，「選別主義」で，国家公務員の場合，大学卒であっても，国家公務員Ⅰ種，国家公務員Ⅱ種と採用試験を区別し，初任給から格差がある。まして人事では格段の差があり，一般的には国家公務員Ⅱ種は，本省の課長補佐どまりである。

第2に，「平等主義」で，地方公務員の場合，採用時には大卒・高卒の区分はあるが，採用後は一般に人事上の差別はない。給与システムは同一年齢同一賃金であり，人事も完全平等主義は，全員が部局長になれる可能性がある。

第3に，「平等・選別融合主義」で，採用後，一定期間後に係長試験などを実施し，選別主義へと人事路線を切り替えるシステムである。

この融合調和主義の人事政策が，具体的には「おそい昇進」と「積み

上げ型褒賞」制度によって，長期にわたりインセンティブを与えるシステムは，日本的雇用・勤務状況にも融合してきた，優れた人事政策であるといえる。(1) しかし，このような平等主義に妥協し，曖昧な選別主義の人事方針は，低成長の時代にあっては，完全に閉塞状態に陥りつつある。

　第1に，このようなシステムが，曲がりなりにも可能であったのは，高度成長期，自治体の組織が膨張し，職員数が増加していったからであった。自治体は，内部の職階制を多段階にし，外郭団体も設立し，管理職ポストを工面し，辛うじて職員の上昇意欲・欲望充足ができたのである。財政危機が深刻化し，行財政の膨張がない現在では，この苦肉の人事システムも閉塞状況に陥りつつある。

　「おそい昇進」でも50歳で係長では，能力も発揮しようがない。また局長歴も1年程度では，能力の不発のまま定年をむかえる。まして昨今では多くの職員は，「おそい昇進」も期待できず，さらに中高年期の昇給停止・延伸，退職金カット，定年後の就職保障機能の低下など，閉塞状況は深まりつつある。

　「積み上げ型報奨」も，行政膨張というトレンドが終息すると，与えるべきポストが枯渇してくる。すなわち役職・ポストを動機付けに，「長期にわたる競争」を維持してきたが，天下りの外郭団体役職も不足気味で，将来は面倒が見切れないとの不安が高まっている。

　第2に，自治体は，平等主義の欠陥を補うため，いたずらに組織膨張・役職乱設をもたらし，職員の能力開発を却って阻害している。国家公務員のように採用時に能力で選別し，「はやい昇進」組を設定するのも弊害が多いが，「遅すぎる昇進」組を大量に滞留さすのも，人件費のムダであり能力の浪費である。

　ことに本庁といわれる中枢部局は，それなりに行財政の効率化は維持できるが，出先機関などでは，「遅すぎる昇進」も期待できず，管理職の組織運用能力が低迷したままで，人事システムの目標方式などの注入が

ないかぎり，自治体全体としての活性化・政策化はのぞめない。

第3に，自治体は増加する管理職・不足するポストという事態に対して，明確なビジョンをもっていない。その打開策を外郭団体の乱設にもとめたが，官庁方式の移植で，第三セクターの経営破綻を招く，悲劇を引きおこしている。

このような窮状に活路を，見いだすには，基本的には全職員が，平等な競争条件もとに，職員が自己の能力を磨き，人事行政における選別主義を容認していく，コンセンサスを醸成していくことである。

しかし，当然，この競争・選別主義に反論があり，自治体によっては，当面の課題である，係長職へのペーパー試験の実施すら阻止されている。自治体を無気力にさせるだけである。

第1に，人事制度としては，単なる人事課の裁量的行為に委ねるより，試験方式なり，成績主義で評価していく科学的システムのほうが，上司や人事課，さらに首長などの個人的尺度で行われるより，優れていることはいうまでもない。

試験制度のメリットとしては，1つに，所属長内申方式に比して，公平化が図れる。ことに女性・出先などの昇進に門戸を解放する。2つに，職員の自己研修の効果がみられるなどのメリットがある。競争条件を平等にして，公開の選抜試験を採用することが，もっとも無難で適正なシステムで，最近では課長の公募制もひろまりつつある。

第2に，平等制に選別制を注入しなければ，人事は動脈硬化に陥ってしまう。陳腐化した競争なき平等主義では，能力・意欲のある職員の成長の芽を摘んでしまう。

しかし，選抜制に対して，その結果「ポストに限りがある以上，同期の同僚に比べて劣位者の悲哀を味わわなければならぬ職員がでてくることは避けがたい」[2] ことになる。

また組織内出世の階段が閉ざされている下積みの職員は，「所属職場への忠誠心が自己犠牲の意地とさえなって表出したり，汚職への誘惑に身

をしずめたり，諦観から無気力に陥ったりする」(3) ことになる。

しかし,実態は逆ではなかろうか,平等主義で職務の緊張感が欠落し,目標を喪失したり，身を持ち崩したりする。どのような制度にもメリット・デメリットがあり，比較の問題・選択の問題である。そもそも全員が，局部長になれないのである。

このような平等主義の裏返しとして，天下り職員の導入という内部競争を超越した，選別主義が容認され，地方公務員の成長ポストを，その分だけ喪失するだけでなく，いわゆる生え抜き職員の意欲を減退させ，自尊心すら砕いてしまうのである。

人事上の難問は，能力測定ですべての職員が，納得する客観的基準が設定不可能なことである。しかし，その結果として役所内の遊泳術が，決め手となるようでは，職員の勤労意欲云々ではすまなく，職員の政策能力低下で，最終的には市民が犠牲になる。

自治体が人事の平等主義を，最後まで保持することは事実上は，不可能である。どこかで一度は，選別主義に踏み切らなければならなず，昇格試験はその1つの方式である。

まして自治体行政が，経験と人的コネクションで処理されてきた時代から，施策・政策形成の必要性が高まってきた環境変化を考えると，行財政関係の知識のテストが，有効なシステムである。

第3に，ペーパーテストによる，画一的評価に対する批判は根強い。たとえば「試験の結果のみによって昇任を行なうことも必ずしも適切でない。試験の結果が実務上の能力を完全に表現するものとは断言できない」(4) などである。

ことに現場で優秀な職員を，試験で排除するのは問題であるとの批判がもっとも多い。しかし，係長試験程度は採用後，10年前後で新しい行財政知識を吸収するよい機会であり，地方公務員としての基礎的テストの類であり，必須的資格審査である。

仮に実務的に優秀な職員がいたとしても，日常的事務処理を巧みにこ

なすことは，残念ながら管理職として必須の能力ではない。係長試験程度は，特別なエリート官僚を選抜するのでないから，人事行政上の弊害はきわめて少なくない。

もっとも係長試験において，職歴・実務などを配慮した，複線的昇格システムを設定して，多くの自治体は，救済システム措置を採用し，平等主義と妥協し，組織全体の融和を図っている。

重要なことは，人事において試験制度による，科学的選別主義を導入しないかぎり，給与システムにおける"わたり"を阻止する，運用上の根拠を構築できないことである。

選別主義でも課長職は，試験でなく目標管理システムにもとづく成績・成果主義で，人事評価をすべきである。人事行政において，成績主義，目標管理，申告制度などが導入され，人事の公開性・公平性が深まれば，人事にともなう不満は次第に解消していくはずである。

それは公開・公平な昇進人事によって，昇格ができなかったとしても，自治体職員で「劣位者の悲哀」を，味わうことはより少なくなるはずである。

第1に，選別・平等主義論争に決着を，つけることが前提条件となる。試験制度を敵視し，「当局支配，管理職支配の体制をつよめていく最大の武器」[5] と批判されてきた。

要するに効率的人事運営をめざす自治体経営論は，「財界の意向に沿った国からの上位方針の徹底と職場自治の抑え込みと労務管理の強化を狙ったものである。ここには、住民や職員の創意性と自発性を尊重する自治の姿勢はひとかけらもみられず」[6] と断罪されてる。

また導入方法について，「特に業績給については，実効性ある業績評価制度の確立，従来の年功序列的給与体系との整合性のつけ方など，解決すべき課題が山積したまま導入されれば，かえってモラールの低下を招く危険がある」[7] との批判がある。

成績主義は，成果主義か能力主義か曖昧であるが，自治体がまず導入

すべきは，目標管理にもとづく成果主義で，この目標達成型成績主義が，当面，導入すべきシステムである。

成果主義に反対して，適正な人事給与運用ができるのかである。現在のように人事も給与もベタ打ちのように平等化してしまっては，管理・政策能力も市民奉仕の精神も，育たないのではなかろうか。

第2に，目標管理によって，改革へのインセンティブを設定すべきである。現在の地方公務員は，なんらの経済的インセンティブなしでも，勤労意欲は衰えることはない。たとえば特殊勤務手当が不足しても，大半の職員は働くであろう。

問題は自己の行政に対する，施策・政策的インセンティブを，引き出せない人事・給与運用こそ問題である。目標管理と成績主義をドッキングさせた，管理職にふさわしい能力をもった職員の形成である。

従来の人事は，人格円満とか日常的処理能力とか，自治体としては低次元の人事評価が，評価基準として重視されてきたのである。既存の不合理なシステムを打開する，勇気ある管理職は，職務給の確立なくしては成立しないのである。

陳腐化した硬直的な人事・給与体系に楔を打ち込み，変革への牽引車とし期待されるのが，職務給と成績主義にもとづくメリットシステム，すなわち選別主義である。選別主義はエリート主義でも差別主義でもなく，ごく常識的な人事施策である。

第3に，成果主義などの科学的メリットシステムの機能しない，人事の弊害を考えるべきである。自治体行政サイドは，成績主義については，早くから東京都の「長谷部委員会」が新しい業績記録制度として「自己申告，職務記録制度」を提案している。

それは「都の人事管理が古い体質をもっていることである。……年功序列と行政官優位の考え方から脱皮できないでいる」[8] と批判されてきた。

また「職場としても，また職員としても，その分掌する職務を通じて

達成すべき目標が確定されておらず，さらには都政全体の目標体系において，それぞれの職務の占めるべき目標の位置づけが明確にされていない。このため組織全体にわたって，職員の積極的な勤労意欲が乏しくなり，職場のはりをなくしている」(9)と，人事運用の目標主義が奨励されてきた。

第4に，成果主義のみでなく，新しいシステムの導入には常に反対論が展開されるが，問題は既存システムと新システムとの比較・選択の問題である。

成績主義の導入には労組サイドでは，「臨調路線のなかで人事院勧告の凍結が問題になっていますが，私はそれ以上におそろしいのが，いわゆる『成績主義』の導入だと思います」(10)と，根強い反対がある。

このように成績主義の導入には，組合をはじめとして行政サイドも，拒否反応があるが，問題を整理していけば，成績主義の導入は，人事給与の適正化のためには，当然の改革事項である。

成果主義を突破口として，同一年齢同一賃金という安泰した給与システムが破壊される不安が，組合をして反対に走らしている。一方，行政当局としても，科学的人事で自らの人事裁量権が喪失し，給与・役職優遇措置が公開され淘汰される恐れから，本格的導入にはどうしても真剣に対応しない。

現在の人事行政は，公正・科学的人事以前の問題として，首長の個人的"好み"とか，議会の介入で人事が左右されるとか，首長が議員・組合の圧力を恐れ，"気骨ある"職員の人事を，自己の保身から冷遇するのがよくみられる。

優秀な職員ほど，議会・労組・住民団体などの圧力・利益団体に対して，公務への忠誠心から厳しく対処し，市民的利益を擁護していくから，関係団体にとって"好ましからざる人物"と映り，"許されざる職員"として排斥されるのである。

首長が行政の波乱を恐れ，八方美人的職員を，議会・労組の意向を汲

んで，幹部として優遇するようになると，その害毒は天下り人事の比でなく，自治体を堕落させていくことを，自治体自身は自戒しなければならない。なぜなら財政の失敗は表面化するが，人事のミスは組織の深層部に潜み，浮上することはないからである。

自治体は，成果主義の浸透，複線的人事コースの設定，数十段階の等級制の採用など，公平な競争的人事・給与運用によって，組織の沈滞化を予防しなければならない。

人事行政において，成績主義，目標管理，申告制度などが導入され，人事の公開性・公平性が深まれば，人事にともなう不満は次第に解消していくはずである。それは公開・公平な昇進人事によって昇格ができなかったとしても，「劣位者の悲哀」を味わうことはより少なくなるはずである。

(1) 「おそい昇進制度」などの人事給与については，稲継裕昭『日本官僚人事システム』参照。
(2) 大森彌『自治体行政学入門』(以下，大森・前掲「自治体行政学」)151頁。
(3) 大森・前掲「自治体行政学」152頁。
(4) 人事研究会・前掲「市町村の労務管理」220頁。
(5) 遠藤晃『自治体労働者像の追求』(以下，遠藤・前掲「自治体労働者」)48頁。
(6) 自治体問題研究所編『「都市経営」を批判する』119頁。
(7) 西村・前掲「公務員給与政策」265頁。
(8) 都政新報社編『長谷部委員会助言』(以下，都政新報「長谷部委員会」)72頁。
(9) 都政新報「長谷部委員会」115頁。
(10) 遠藤・前掲「自治体労働者」47・48頁。

2　給与条例主義の空洞化

　自治体における人件費削減の戦略は，給与費削減ではなく，給与システムの適正化をめざすべきである。人件費の圧迫要素が大きいのは，給与システムが不合理で，給与制度・運用が適正化されれば，必然的に人件費比率は低下していくはずである。

　地方公務員給与問題は，戦後の混乱期，高度成長期の膨張期，昭和50年代の是正期，そして平成10年代の再編成期をむかえている。

　給与制度・運用の変革のポイントは，第14表のように列挙でき，具体的には年功序列賃金，労使談合的決定，実質的不公平給与，既得権擁護の運用などの淘汰である。現在，給与削減が実施されているが，財源主

第14表　給与システムの課題

年功序列賃金体系の打開	職階制の復権・職務給の導入
給与決定システムの改革	条例主義の再評価・民主化
給与水準適正化の改革	わたり措置・勧奨退職見直し
給与給付システムの改革	官民・官公・公公格差是正

導型の給与決定方式の一律削減であり，適正な給与水準・運用へのスライドでない。

　混乱した給与システムの回復は，給与決定の原点・原則への回帰にある。具体的には地方公務員法給与原則の遵守である。

　第1に，「全体の奉仕者」の理念である。地方公務員は，自治体が住民

から「公共信託」の原理にもとづいて，行政を信託されており，この責務の遂行に可能最大限の努力をする姿勢をとらなければならない。要するに住民福祉切り下げか，給与水準引き上げかの選択において，ナショナル・ミニマム，シビル・ミニマムを選択する譲歩を強いられる。

第2に，「給与条例主義」で，地方公務員法第24条6項は「職員の給与，勤務時間その他の勤務条件は，条例で定める」と規定されている。地方自治における市民主権の論理から当然の結果である。その意味で労使協約主義は，制限的なものである。

第3に，「職階制の原則」で，地方公務員法第24条1項の「その職務と責任に応じる」と規定している。人事における平等主義のもとでの競争主義，給与における職務給の原則の運用における適用である。

第4に，「均衡の原則」で，地方公務員法第24条3項の「生計費並びに国及び他の地方公共団体の職員並びに民間事業の従事者の給与その他の事情を考慮して」と，規定している。国家公務員法第28条2項は，具体的に100分の5以上の増減という基準を設定している。

第5に，「情勢適応の原則」である。地方公務員法第14条は，社会一般の情勢に適用するよう義務づけている。

この原則の違反は，他の給与原則と同様に罰則の適用はないが，「社会一般の良識から判断して，適当な措置を講ずべきであるにもかかわらず，何らの措置も講じなかった場合には，地方公共団体の当局は重大な義務違反としてリコールまたは選挙を通じて住民の批判を受けなければならない」[1]のである。

このように地方公務員の給与決定は，制度的にはかなり明確であるが，給与運用において現実にはさまざまのメカニズムが合成され，適正化への移行は難航している。

まず「給与条例主義」は，実際はどのように運用されているかである。第1に，「労使協定優先主義」である。この方式を認めるにしても，密室的決定であり，同一年齢同一賃金となり，どうしても適正化に逆行する

体系へと変貌していく。組合は同一年齢同一賃金が当然と主張するが，一般常識的には通用しないであろう。

第2に，「財源制約優先主義」である。一律賃金カットによって，給与水準の絶対的低下をきたす。給与水準は，民間給与・財政事情によって決定されるが，「情勢適応の原則」の拡大解釈で，この方式も給与適正化にはほど遠い方式である。

財源優先の給与削減について，「財政は公務員制度に対しては，労使関係尊重の観点から政治的中立の立場に立つのが，最善の政策である」[2]と主張されている。しかし，組合は財政の限界を無視し，給与を膨張させてきたので，財政中立主義はご都合主義との反論を覚悟しなければならない。

しかも財源主義からの削減措置すらも，一律カットとなるのは，組合との合意を優先させる拙速的対応で，給与原則の適正化への寄与はすくなく，給与民主化は労使優先主義というのは論理の飛躍がある。

第3に，「給与条例優先主義」である。条例方式のすぐれた点は，給与実態がすくなとも公開の場で審議されることである。ただ地方議会の政党構成によっては，必要以上に削減したり，必要以上にかさあげしたりし，正当な審議がなされない恐れがある。

したがって給与条例主義の実効性を確保するには，給与実態の情報公開，市民オンブズマンの活動，給与決定議事録の開示など，直接的民主主義のメカニズムが採用されなければならない。

給与条例主義の運用は，実際は労使協定優先主義で大きく歪められ，最近は財源至上主義で形骸化がすすみつつあり，多くの問題がひろがっている。

第1に，給与原則運営のシステムについて，法律制度としては地方公務員法，地方公営企業法，地方公営企業労働関係法などにもとづいて，人事院勧告制度と団体協約締結で運用されている。

地方自治体では「自治の原則」にもとづく団体協定の締結が，組合と

理事者との結ぶ権利が，地方公営企業労働関係員法で認められいる。この「労使協定主義」は，地方公営企業に関する規定であるが，実際は技能労務職にも準用され，実際の運用では一般行政職にも，実質的に適用されている。

　一般職員の職員団体は，団体協約締結権がないが，実際は地方公営企業職員組合・技能労務職労働組合などと混合組合となっているので，理事者との各組合の交渉結果は，必然的に影響しあうことになる。

　もっとも制度的には，スト権を剥脱された，一般行政職は，人事委員会方式で官民格差是正をベースとして，制度的には勧告システムで，適正給与水準が決定されるようになっていた。

　本来はこのような官民格差調整が，非行政職にも適用され，相互のシステムが連動して，適正給与水準の形成へと収斂するのが，のぞましいメカニズムであった。しかし，実際の運用は，一般行政職の給与水準が，非行政職に連動して，官民格差是正が無視され，職階制を空洞化させていった。

　要するに人事委員会勧告主義にもとづく，一般行政職の給与表が，自治体内部の給与運用において，地方公営企業・技能労務職に適用され，全体として賃金水準を引き上げているのである。

　第2に，給与運用の準則については，「条例主義の原則」(地方公務員法第24条第3項) が適用され，この原則の遵守に関する保障措置として，給与支給条例主義(地方公務員法第204条第3項)は，「職員の給与は，法律又はこれに基づく条例に基づかなければ支給することができない」と規定されている。

　しかし，先にみたように給与条例主義は，給与運用における脱法的給与措置によって骨抜きにされてきた。ことに昭和40～60年にかけて，ほとんどの自治体で，「特別昇給」，「通し号俸」「わたり制度」が普及していった。そこには職務給の原則，給与条例主義もないに等しかった。

　このような違法性の強い脱法的措置について「給与条例に規定されて

いる給与体系と現実の給与運用実態が全くかい離してしまっている……。給与条例主義は給与ガラス張り化の効果をねらったものであるにもかかわらず、このような運用実態下にあっては、『住民自治』に機能が働く余地も大幅にせばめられてしまっている」[3] という事態になってしまったと評されている。

（1）　今枝信雄『地方公務員制度』27頁。
（2）　早川征一郎・松井朗『公務員の賃金』212・213頁。
（3）　山崎・木下・前掲「地方公務員」396頁。

3　職務給原則の形骸化

　地方公務員給与原則の第2が，職務給の原則であるが，人事の職階制を裏付けるシステムであるが，この原則も形骸化している。

　昭和50年代，地方都市圏の工業都市では，地方税収入を背景にして，"わたり"の大盤振舞を実施した。山口県宇部市では，全職員1,524人のうち8割以上が次長・課長と同列に並んだ。

　市民からみれば，同年年令の管理職が，担当職員より実質的給与が低い状況が，一般的になり勤労意欲が減退すると同情するが，組合の考えは別である。

　要するに「課長並みの給料をもらう職員が何百人もいるというのは，俗受けする人件費攻撃材料になる。だが役付きも一般職員も市民サービスするのに変わりはない。同期生で役付と，そうでない職員の給料格差がつく方が職場は気まずくなり，やる気を失う」[1]という理屈である。

　自治体の勤務状況を熟知した，組合がこのような常識はずれの論理を展開するのは，管理職からみれば，許されざる暴論である。

　係長は職員より専門知識習得に努力し，係単位の執務を円滑にするため，休暇日数も制約され，職員不祥事の責任も分担させられる。

　さらに係長は，組合・議員・市民の苦情処理という精神衛生のよくない交渉も多く，超過勤務手当がないので実質的給与はすくないなど，さらに冠婚葬祭費も多くの職員がいれば，巨額の出費となる。職員と給与がおなじでは，悪平等であり，こころある係長は，義憤すら抱いて当然である。

　このような原則無視の"わたり"運用結果として，同一年齢同一賃金が定着していったが，その弊害は，きわめて大きい。第1に，給与財源

が大きな負担となり，行政サービス水準が低下することである。第2に，常識に考えて，働いても働かなくても，毎年，給与があがるのであれば，だれしも本気で働かないであろう。

第1に，"わたり"は違法である。当時の自治省は，昭和50年11月「一斉昇短は，地方自治法，地方公務員法違反である。住民監査請求に基づく公金不当支出訴訟の対象となる」という，行政局長通達を出した。現に山口県岩国市では，住民監査請求がだされ，一斉昇短を止めている。

しかし，組合関係者の言い分は異なる，「昇短は30年前後，地方財政危機で生じた赤字再建団体の切り下げられた給与復元が始まりで，全国のほとんどの自治体で慣行化している。今さら違法と言えるのか。労使交渉への不当介入だ」[2]と反論している。

このような時効といえる，措置の回復をいうのであれば，戦後のインフレ時の給与かさあげ措置を是正しなければ，給与措置の一貫性がなく，一斉昇短の要求は，理不尽な要望となる。

"わたり"は「自治体労働組合が，労働基本権を奪われ，制限されたなかで，自らの経済的条件を向上させてきた方法であった」[3]，「等級の分断による職務・職階給の否定である。同一労働同一賃金と年齢別生活保障の賃金の原則のうえにたって，職務・職階給による労働者の分断支配と低賃金に反対し，より民主的な賃金制度を実質的に実現していこうとするたたかい」[4]と言明している。

しかし，「年齢が同じなら男女差も身分も関わりなく，給料はみな平等というのは，一見，非常に民主的であるかのように見えるが，仕事の質，内容を問わないというのはとんでもない悪平等である」[5]との批判が，でるのは当然である。

第2に，"わたり"は，自治体内部の運用であるので，外部からのみでなく，内部においてわかりにくい措置である。たまたま東京都武蔵野市で，昭和57年，係長の汚職で退職金が外部にもれ，退職金騒動が発端となり，給与・退職金実態が外部の市民のしるところとなった。

歴史的行政データであるので掲載すると，第15表のように同一年齢同一賃金は事実であり，1〜3位は技能労務職である運転手である。もっとも超過勤務手当は，年収に加えて算定するのはおかしいとの批判はあるが，部長は運転手と同等の超過勤務をしているが，管理職手当で誤魔化されている。

　なお物価・賃金は，バブル経済で上昇しているので，今日の実質的給与ベースでは2・3割高く，1,500万円にはなる。給与ベースでみるかぎり，現在でも年収が1,500万円程度の高額所得者はおり，給与水準でみるかぎり，あまり抑制措置の効いていないと推測できる。

　さらにこのような給与システムが，第16表のように高額の退職金となって，ハネ返っている。退職金が民間よりはるかに優遇されいるが，さまざまな優遇措置が退職金のカサ上げをもたらしているのである。

　しかも自治体内部の職階制職務給からみて，不合理な事例がある。部

第15表 武蔵野市一般職員年収ベスト20 (昭和57年度)(単位 千円)

職　名	年収	手当	職名	年収	手当
①運転手	11,445	3,647	⑪部　長	8,980	※742
②運転手	9,890	2,072	⑫課　長	8,960	※725
③運転手	9,556	2,191	⑬課　長	8,887	※601
④部　長	9,331	※888	⑭運転手	8,702	1,479
⑤部　長	9,308	※888	⑮作業員	8,701	252
⑥部　長	9,117	※869	⑯部　長	8,678	※805
⑦部　長	9,091	※866	⑰作業員	8,615	95
⑧部　長	9,067	※824	⑱作業員	8,588	229
⑨部　長	8,991	※857	⑲課　長	8,598	※693
⑩作業員	8,988	344	⑳課　長	8,598	※129

注 ※は管理職手当
出典　サンケイ新聞『退職金おかしなおかしな官民格差』80頁

第3章　給与適正化原則の崩壊

第16表　武蔵野市職員57年度勧奨退職者

年齢歳	在職年数年・月	退職金万円	職種	年齢歳	在職年数年・月	退職金万円	職種
59	34.8	4,204	課長	60	18.8	1,882	作業員
55	30.11	4,088	職員	62	32.8	4,406	副参事
55	31.4	4,206	運転手	55	34.9	4,603	部長
59	30.11	4.541	副参事	58	28.3	3,883	係長
55	8.3	610	保健婦	58	20.8	2,358	用務員
60	29.2	4.107	局長	62	27.9	3,514	給食係
55	31.7	4.361	所長	61	27.9	3,513	給食係
58	30.5	4.365	部長	60	32.11	4,833	課長
63	29.0	3,728	職員	57	32.8	4,833	部長
61	32.2	4,232	職員	60	32.5	4,689	係長
63	24.10	3,049	職員	63	24.0	2,947	用務員
60	31.6	4,750	部長	60	31.2	4,183	給食係

出典　サンケイ新聞『退職金おかしなおかしな官民格差』7頁。

長職で在職32年8月と課長職32年11月では，230万円も課長職が多い。所長職31年7月と運転手31年4月とは，155万円の差しかない。さらに学校給食係職員31年2月とさきの運転手31年4月では，運転手が25万円と，技能労務職の格差はない。

　しかし，今日では退職金は見直しがすすみ，6,000万円と物価調整で推計できる50年代の退職金が，3,000〜3,500万円で約4割程度の減額措置が加えられたといえる。

　職務給の適用は，地方公務員法の悲願であるが，実施されていない。地方公務員法第24条1項は，「職員の給与は，その職務と責任に応ずるもの」と定めていて，職階制を制度的に裏打ちしている。

　しかし，適正な地方公務員給与体系・水準の設定は，給与決定メカニ

ズムの非民主性・非科学性から実現していない。要するに首長・議会・組合の勢力関係は，圧倒的に組合の勢力が強く，既得権益擁護のメカニズムが定着しているからである。

あと1つは，自治体行政の「公共性」で，職員給与体系決定にも影響し，なにが適正な給与であるかの決定を困難にしてきた。この公共性を口実として，同一年齢同一賃金体系を，地方公務員給与体系に浸透させていった。

この論理・戦略は，巨額のムダな公共投資を，公共性という名分，地域格差是正を御旗として展開してきた，開発の論理と酷似している。

公共性の概念は，曖昧であるが，地方公務員給与の体質・構造・システムなどを，1つ1つ検討して，そのシステム・措置の合理性を検討し，虚構の公共性を払拭していかなければならない。

第1に，地方公務員給与の特色として，年功序列給与運用，本俸中心主義，非業績給的性格，退職時・退職後保障が手厚いことなどがあげられている。

このような給与の特質は，地方行政の安定性によるものであるが，戦前からの官吏俸給の体質を引き継いだものであり，官尊民卑の名残りである。

現在の地方公務員給与は，この性格と制度の原則を，運用で換骨奪胎して肥大化させてきたので，市民主権のもとの自治体としては，不都合な要素を内蔵している。

給与体系が，同一年齢同一賃金・年功序列賃金のもとで，市民統制のメカニズムの洗礼をうける必要性があるが，官僚制によって，この影響力を遮断している。また民間給与体系と比較して，硬直的で財政状況・景気変貌に対応しない。要するに「情勢適用の原則」が，作用しにくいのである。

第2に，地方公務員給与体系・水準の決定システムが，必ずしもも民主化されていない。労働組合サイドの基本的考えは，後にみるように労

働協約にもとづく労働基本権優先主義であり，「公務員の賃金も本来，労使交渉で決めるべきだ，当事者の交わした確認書(協約)が外部の働きかけで実施されないのは，労働基本権の侵害だ」[6]との論理である。

しかし，このような論拠は，給与条例主義の原則を無視しており，地方自治における市民主権の論理に反する。地方行財政の運用は，市民主権の原則に準拠すべきであり，密室的な労働協約が優先するとは考えられない。

財政運営でみれば，財源不足に見舞われた当該自治体が，公共投資中止，市民福祉縮小，職員給与削減のいずれかの選択である。

公共投資は当然にカットされるが，労使確認がある以上，市民福祉を切り下げても，職員給与を維持するのかである。密室的談合的に取り決めされた協約は，すくなくとも条例主義の洗礼をうけて，給与維持の免罪符を獲得すべきである。

(1) 当時の伊藤宇部市労働組合副委員長の発言,中国新聞社編『ルポ地方公務員』)(以下,中国新聞「地方公務員」) 47頁から引用。
(2) 当時の岩国市職組合斎藤光正委員長の発言,中国新聞社『ルポ地方公務員』51頁から引用。
(3) 中西啓之「地方公務員の賃金」佐藤英善等編『公務員の制度と賃金』(以下,中西・前掲「地方公務員の賃金」) 237頁。
(4) 中西・前掲「地方公務員の賃金」239頁。
(5) 坂本・前掲「地方公務員」61頁。
(6) 当時の岩国市職組合斎藤光正委員長の発言,中国新聞社『ルポ地方公務員』51頁から引用。

4 給与均衡原則の破綻

　この均衡原則は，官民格差とか国・地方格差に関心があつまっているが，第17表にみられるように，複眼的に分析すれば，多様な格差が混在しているのである。したがって「官公格差」のみとか，「官民格差」のみに固定して判断すべきでない。

　ことに自治体内部の職種・職階格差もあり，同職種間垂直的格差，異職種間水平的格差も考慮して，社会的に妥当な水準・体系が，決定されなければならない。

　第1に，「官公格差」である。国家公務員と地方公務員の給与格差をしめす，ラスパイレス指数は有名であるが，このような給与指標を画一的に適用することは問題がある。大手民間企業の多い大都市圏と，大手民間企業格差のすくない地方都市圏を同一に判断するのは，必ずしも適当ではない。

　ラスパイレス指標にもとづく，自治体給与と国家公務員給与の平準化が，ほぼ達成された。ラスパイレス指数は，統計的指標としては参考にするとして，格差指標としては地域の実際の雇用状況・給与水準を反映した，官民給与格差へ転換すべきである。

　第2に，「公民格差」であり，高度成長期以前では民間給与が高く，格差是正が大きな目標であったが，今日では逆格差が問題と指摘されている。

　この問題は，判断の基準を民間企業のどの規模におくかである。人事委員会のように比較的大企業に限定するのが，一応は妥当な基準といえる。ただ規模からいえば，すべての自治体が，地域社会の最大企業である。東京都であれば，東京電力，ＨＴＴ東日本，ＪＲ東日本となるが，疑

第17表　給与格差の類型

区　分	格差の具体的説明
官民格差	景気悪化を反映して，給与水準低下，能力成績給導入，退職金・定期昇給見直し
官公格差	自治体財政悪化でラスパイレス指数接近，一部団体で逆転
公公格差	自治体間格差で，ラスパイレス指数で2割以上の格差が発生した
職階格差	一般行政職・技能労務職・企業職給与の格差拡大
世代格差	中高年給与の既得権温存で，世帯格差の発生・持続
身分格差	天下り職員，臨時職員，外郭団体職員，退職再雇用職員

問がある。自治体は地域社会の総合的サービス産業として，地域社会の全産業の平均が，妥当な給与水準であるとの基準も不都合ではない。

　よく民間との対比で，官庁の給与が高いのでなく，民間の給与が低いことが指摘されるが，これは詭弁である。

　自治体給与が，日本全体の給与水準引き上げの，先導的機能をになっているのでない，むしろ先にみた公務員給与の特性としての，給与安定・退職金優遇要素を考慮すると，平均程度が社会的コンセンサスを得られる水準であろう。

　むしろ自治体こそ障害者雇用とか，ＮＰＯ雇用のため，公務員の給与を適正化して，地域社会全体の雇用の安定化を期待されているのである。近年の高失業率のもとで，多くの自治体が，特別職・臨時職員の雇用拡大を図っているが，雇用形態としては問題が多いが，政策方向としては，それなりに評価されるであろう。

　この「公民格差」の基準は，自治体の人事委員会が調査し勧告していたが，「地域の民間賃金を調べて『公民較差』を示し，それを是正するよう勧告する作業自体が『お手盛り』ではないか」と批判されてきた。[1]

　第3に，「公公格差」である。政府のラスパイレス指数にもとづく自治体給与抑制措置は，たしかに自治体給与水準の全体的抑制に効果的であったが，全国的には各自治体間の給与の平準化をもたらした。

各自治体は，地域産業の給与に格差があり，社会的給与水準からは，町村では自治体の給与水準は，平準化がすすめば逆格差する発生する状況になる。
　たとえば東京の給与月額40万円と，沖縄の39万円では，沖縄の給与水準は地域の市民所得水準からみて，実質的に東京よりはるかに高い水準となる。政府指導の給与平準化政策の矛盾である。
　第4に，「職階格差」である。担当職員・係長職員・部局長職員でどの程度の差が，適正であり合理性のある格差であるか。大胆に設定すれば，各ランクで5％程度で，最大格差1.5倍であろう。
　さらに無視できないのが，「職種格差」である。正確には地方公務員給与が，職種・職務にほぼ無関係に決定されているので，民間の給与水準との格差は，職種・職務によって，官民格差の度合いが大きい。
　たとえば技術職0％，一般行政職10％，一般サービス職30％と推計されるが，職種によって落差が大き過ぎることである。
　もしこのような格差の是正が実施されれば，地方財政の負担はずいぶんと軽減される。たとえば一般行政職では，地方財政人件費32兆円×一般行政職構成比30％×官民格差率10％＝9,600億円となる。
　同様の試算ベースを一般サービス職員（技能労務職・福祉・地方公営企業職員など）についての試算は32兆円×30％×30％＝2兆8,800億円，合計3兆8,400億円となる。
　しかし，このような給与体系の是正を，単年度で実施することは不可能である。"わたり"といっても，一気に廃止することは，実際問題として職員間の不公平は大きいので，10年程度の期間が必要である。
　したがって初年度の効果は，その10分の1として3,840億円，それでも10年間の累積削減効果は約20兆円と推計できる。
　人事委員会による「官民格差」是正の勧告システムは，一般行政職に限定されている。したがって職種によって格差にきわめて大きい落差がある実態は，放任されたままである。自治体の人事委員会が地域の企業

との賃金格差について，調査し是正を勧告しているが，行政職のみで結果的には，実態からかけ離れた報告である。それはあくまで一般行政職の平均であり，職種別にみれば"逆格差"が生じている。

　たとえば交通事業でも，公営と第三セクターでは同じ業務であっても，約1.3倍の賃金格差がある。民営が低すぎるといえばそれまでであるが，市民は果たして公務員の給与水準を妥当とみなすかどうか，論議すべき課題である。

　このように人事委員会の勧告主義にもとづく，給与適正化は一定の限界があり，給与是正の主導力となるには，制度疲労が激しい。丁度，監査委員制度の限界がみられ，民間監査として外部監査が創設されたのと同様に，新しいシステムが必要である。それは監査と同様に外部人事委員会方式の導入である。

　また「職務格差」はどうあるべきかは，実際はきわめて困難である。肉体的負担の大きい学校給食職員，３Ｋといわれる清掃職員，精神的疲労度がきつい保育士，庁舎管理など変則勤務の守衛職など，さまざまであり一般行政事務職との比較は不可能である。

　自治体内部における給与格差で，行政職・技能職，正規職員・臨時職員，若年職員・中高年職員などの格差である。先にみたように行政職と民間事務職の官民格差は，今日では1割程度の官庁優位の官民格差であろう。

　しかし，交通企業職員の場合，交通関係統計では，民間交通職員との差は，民間65に対して公営は100であり，約3割以上の官民格差であり，技能労務職では5割以上の官民格差があると推測できる。

　しかし，最終的には官公比較，官民比較からみて，事務職員より非事務職員のほうが，格差は地方公務員に有利に展開しており，格差縮小，すなわち国家公務員・民間給与ベースへの引下げが，当面の緊急課題である。

　地方公務員の給与は，組合主導・首長主導，賃金至上・財源至上など

のメカニズムで，給与原則は空洞化し，適正性を喪失していった。「情勢適用の原則」も例外ではなかった。

　適正な公務員給与の設定には，官民格差，官公格差，公公格差，職務・職種格差などを，総合的に考慮して決定すべきて，ラスパイレス指数という上からの画一的主導基準への依存は，脱皮すべき時期にあるといえる。

　今後，自治体が市民と連携して行政サービスを行なうようになると、公務員と市民である非常勤職員との給与・報酬をめぐる関係は、社会的通念において合理的根拠を求められるであろう。

　（1）平成15年4月10日,朝日新聞

5　給与体系とわたり

　自治体給与適正化の核心は，"わたり"をどう評価し，どう淘汰していくかである。"わたり"は，地方公務員の既得権との反論もあるが，それならば給与表を手直しすればよい。

　まず給与における制度として給与表と，運用として給与決定を，役職と給与が一致するよう処理すべきである。しかし，"わたり"は一気には廃止できないし，さらに"わたり"を現実にどう是正していくか，給与の核心的な課題である。

　政令指定都市における，給与表をみると，第18表になっており，"わたり"との関係をみると，次のようにいえるであろう。

　第1に，初任給は常識的なランク付けがなされ，中学卒業で14万5,200円，高校卒業16万7,700円，大学卒業20万9,200円である。中学卒の場合，4年後の給与水準は16万0,400で，高卒給与水準と7,700円の格差が発生している。

　この点，教育投資に対する経済投資を考慮すると，止むを得ない給与格差であるが，退職金の場合は，勤続年数が3年長いので，3,000万円と仮定すると約150万円前後有利である。

　高卒と大卒では，1万800円の格差が発生するが，教育への先行投資とみなすことができるが，大卒でも1年浪人したりすると，その差はなくなる。

　高卒職員はこの間600万円程度の所得をえているので，資産ベースでみると格差はさらに縮み，退職金格差は高卒が200万円程度有利である。要するに学歴格差はない。

　第2に，問題の"わたり"の影響であるが，"わたり"のある場合，な

い場合，さらに昇格し係長・課長になった年次を，仮定して計算すると，第19表のようになる。

まず「わたり」の適用がない場合，大学卒業の新規採用，60歳定年で38年勤務するとなると，採用後5年後，3級10号24万万3,600円で，形式的研修をうけ自動的に4級4号24万5,300円にわたるが，担当のままである。

20年後に4級24号39万1,000円の最高まで昇給するが，あと8年間は昇給がなく，そのまま退職をむかえる。退職金は39万1,000×62.7＝2,452万円となる。

もっとも実際の運用は，全員が5級まで昇給できるので，このような給与格差が発生することはない。

高卒の場合，退職金は勤続年数が4年間ながいが，最高が62.7ヵ月であるので，同額の2,452万円となる。なお実際の退職金は，さまざまの要素が加味されるので，あくまで試算である。

第3に，つぎに多くの職員は，"わたり"で5級までいけるので，先にみたように大卒の場合，5年で4級4号24万5,000円に，10年後5級にわたると，5級7号29万3,900円となる。

以後，5級のままで最高の35号45万4,500円で丁度定年をむかえる。退職金は45万4,500円×62.7＝2,850万円となる。高卒の場合も，この"わたり"の適用をうけると，5級35号まで昇給し，ほぼ同様である。

もっとも「わたり」を，どこまで認めるかである。このケースでは係長の5級までであるが，係長の6級をみとめると，5年で5級12号から6級10号にわたると，6級34号46万7,700円まで昇給し，退職金は2,932万円となる。

第4に，係長試験に合格し，管理職になった場合はどうであろうか。新規採用後，10年目に係長試験をうけ，同年に係長職の発令をうけると，5級7号となるが，「わたり」の適用が一般職員もあるので，この段階では給与格差は発生しない。

第3章　給与適正化原則の崩壊

第19表　行政職給料表（平成14年度）　　　（単位 円）

	1級	2級	3級	4級	5級	6級	7級	8級	9級
1	145,200	167,700	209,100	219,100	238,200	258,200	300,500	348,500	464,500
2	149,800	175,000	217,800	227,700	246,900	267,600	311,000	360,900	480,100
3	155,000	182,500	226,400	236,300	255,900	277,100	321,600	373,400	495,800
4	160,400	190,200	235,000	245,000	265,400	286,600	333,600	385,900	511,800
5	167,700	198,400	243,600	253,800	274,900	296,200	345,800	400,800	527,900
6	175,000	209,200	252,300	262,700	284,400	305,900	358,000	415,900	544,500
7	182,500	217,800	261,000	271,600	293,900	315,700	370,500	431,000	561,100
8	190,200	226,400	269,700	280,500	303,400	325,500	382,700	446,100	577,700
9	198,400	235,000	278,400	289,400	312,900	335,500	394,600	461,200	594,400
10	204,600	243,600	287,000	298,400	322,500	345,600	406,500	476,300	610,400
11	210,200	252,300	295,600	307,400	332,100	355,900	418,300	491,800	625,800
12	215,300	261,000	304,200	316,200	341,700	366,100	430,100	506,900	639,000
13	220,000	269,700	312,800	324,900	351,700	375,400	441,500	521,500	651,200
14	224,700	278,400	321,200	333,600	361,800	384,000	451,500	535,800	662,600
15	229,200	287,000	329,400	342,200	370,600	392,600	461,100	549,500	670,800
16	233,700	290,600	337,400	350,700	379,000	400,000	470,200	560,500	678,400
17	237,700	293,800	345,000	358,300	387,400	406,600	477,600	569,400	685,200
18	241,300	296,400	352,300	365,600	394,400	412,500	484,300	576,200	691,300
19	244,800	299,000	359,500	372,400	400,600	417,900	489,500	582,600	
20	248,000	301,500	366,200	379,100	404,900	421,900	493,600	588,000	
21	251,000	304,000	371,000	382,200	409,000	425,700	497,400	593,000	
22	252,900	306,100	373,700	385,300	413,100	429,300	501,200	598,000	
23	254,800	308,200		388,300	416,800	432,700	504,900	603,000	
24	256,700			391,000	420,300	436,000	508,500	608,000	
25					423,700	439,300	512,100	613,000	
26					427,000	442,500	515,700		
27					430,000	445,700	519,300		
28					433,200	448,900	522,900		
29					436,300	452,100	526,500		
30					439,400	455,300			
31					442,500	458,400			
32					445,500	461,500			
33					448,500	464,600			
34					451,500	467,700			
35					454,500				
再任	187,000	211,600	253,500	271,200	294,400	312,200	337,000	405,800	459,200

しかし，5年後に6級10号にわたると，給与格差は生じる。最終的には6級33号の46万4,600円まで昇給し，退職金は2,913万円となる。"わたり"を5級でストップさせた場合の最終的給与差は，1万100円であり，退職金の差は63万円である。

この段階で係長職と担当職員の給与・退職金の差はほとんどなく，管理職でも課長職に昇進しなければ，経済的給付のメリットは皆無にちかい。

第5に，担当10年，係長15年，在職25年で課長職になった場合は，6級20号から7級939万4,600円にわたり，18年間課長職をつとめ7級27号51万9,300円で退職し，退職金は3,256万円となる。

担当職員との給与差は，5万4,800円となり，退職金も408万円の差がある。課長との給与差は5万1,600円で，退職金の差は324万円である。普通のサラリーマンにとっては，大きな金額である。

第6に，天下り職員の場合は，このような心配はまったくない，30歳

第19表　職員給与上昇推移の類型　　　　（単位 円）

年次	給与表遵守型 （高卒）A	"わたり"適用型 （大卒）B	係長昇格型 （15年目）C	課長昇格型 （25年目）D
1年	2級 1号 167,700	3級 1号 209,400	3級 1号 209,200	3級 1号 209,200
5年	3級 1号 209,200	4級 4号 245,000	4級 4号 245,000	4級 4号 245,000
10年	4級 4号 245,000	5級 7号 293,900	5級 7号 293,900	5級 7号 293,900
15年	4級 9号 289,400	5級 12号 341,700	6級 10号 345,600	6級 10号 345,600
20年	4級 14号 333,600	5級 17号 387,400	6級 15号 392,600	6級 15号 392,600
25年	4級 19号 372,000	5級 22号 413,100	6級 20号 421,900	7級 12号 430,100
38年	4級 24号 391,000	5級 35号 454,500	6級 33号 464,600	7級 25号 512,100
最終給与差	A-B= △63,200		C-B=10,100	D-B=57,600
退職金	24,515,700	28,497,150	29,130,420	32,108,670
退職金差額	A-B= △3,981,450		C-B=633,270	D-B= 3,611,520

前後で課長職で30万5,000円となる。ちなみに地元職員は26万程度である。

　一般的には遅くとも5年後に部長になり35万円程度であり，その5年後に局長級になり46万円程度となる。同期の地元職員は，昇進の早い職員で40万円程度で格差はうまらない。

　かりにそのまま当該自治体に在職したとすると，9級16号の67万8,000円となり，退職金は4,068万円となる。地元職員では，先にみた係長職15年で課長職になった場合でも，3,051万円で1,000万円以上の差額がある。

　地元職員で，係長10年，課長10年，部長5年のスピード昇任をしても，年齢的に課長10年7級18号48万4,300円から8級11号49万1,000円にわたり，5年後8級16号556万円500円から9級7号56万1,100円にわたるが，局長在職は3年で定年で9級10号61万400円で，退職金は3,662万4,000円で約400万円の差が発生する。

　この程度の格差は，受忍限度であるが，ともかく地元職員とことなり，早い昇任が確約された，天下り職員には，ほぼ給与表の最高にまで昇給できることが魅力である。そして副知事・助役と昇格するケースが多いのである。

　第7に，技能労務職の給与表は，一般的に規則で制定されているが，給与表というきわめて重要な経済的給付を決めるのを，内部処理するのは，給与条例主義に違反し，違法である。

　この都市自治体の場合，給与表は1～7級で，担当のままでは3級で最高給与は25号34万2,000円となっている。作業長の給与は3級の最終的給与水準は22号で，一般行政職の3級（大卒）と同額の37万3,000円である。5級作業長の最終的給与は24号で，一般行政職4級の39万1,000円と同様である。6級総作業長の最終的給与は，一般行政職5級と同額の45万4,000円である。7級総作業長の最終的給与は，一般行政職6級の46万7,700円と同額である。

技能労務職の場合，一般行政職の係長職と最高職でも同等であるが，担当職員の場合にどこまで"わたり"を容認するかで，一般行政職と同等では45万4,500円となり，1ランク低い水準で線引きをすると，39万1,000円で5万円も格差が発生する。
　このように日本の給与表にもとづく運用は，"わたり"で実質的には，きわめて縦長の給与表であるる。イギリスの自治体のモデル給与表は，第20表にみられるように49等級あるが，この通算給与にもとづいて給

第20表　一般行政職給料表（年俸）　　　（単位ポンド）

号級	給料	号級	給料	号級	給料
1	5,307	18	11,016	34	18,504
2	5,667	19	11,436	35	18,894
3	6,123	20	11,859	36	19,398
4	6,495	21	12,300	37	19,950
5	6,954	22	12,624	38	20,541
6	7,377	23	13,002	39	21,216
7	7,797	24	13,434	40	21,783
8	8,298	25	13,863	41	22,362
9	8,838	26	14,319	42	22,935
10／11	9,432	27	14,799	43	23,517
12	9,633	28	15,288	44	24,090
13	9,894	29	15,903	45	24,636
14	10,080	30	16,437	46	25,239
15	10,293	31	16,962	47	25,818
16	10,542	32	17,466	48	26,391
17	10,803	33	17,988	49	26,961

資料　DPA, Municipal Year Book　1995. p.616
出典　高寄昇三『現代イギリスの地方自治』162頁。

第3章　給与適正化原則の崩壊

第21表　ロンドン・バーネット特別区給与表

区　分	号級		区　分	号級	
初級職員	第1等級	1～9	上級職員	第1等級	33～35
	第2等級	10～13		第2等級	36～37
	第3等級	14～17		第3等級	38～41
	第4等級	18～21		第4等級	42～44
	第5等級	22～25		第5等級	44～46
	第6等級	26～28		第6等級	47～49
中級職員	第1等級	29～31	幹部職員	第1～	1～32
	第2等級	32～34		8等級	

資料　London Bernet Borough Pay Table
出典　高寄昇三『現代イギリスの地方自治』163頁。

与表が作成されている。

　第21表のロンドン特別区・バーネットの給与表は，初級・中級・上級・幹部職員にランク分けされ，81等級もの多くの段階になっている。

　しかも，各等級は5～6号しかなく，数年で給与は頭打ちする。そのため職員は簡単な口述試験・ペーパー試験を受け，合格しなければ等級はあがらない。要するに日本のように試験もなく，20～30年間も昇給が保障されることはない。

　極論すれば1等級では9年で昇給はストップして，試験に合格しなければ，生涯昇給しない。要するに給与表は，横に短く階層が多い給与表で，日本のように当該給与表のランクに居座っていれば，4・5年で給与は昇給をストップしてしまう。

　イギリスでも直営部門の人件費は割高であり，民営化が推進されたが，サッチャー改革では有名な強制的競争入札制度（CCT）によって，民間事業者と直営部門は落札価格を争い，敗北すれば直営部門でも廃業となり，職員は失業する羽目になる。きわめて強引な方法で，技能労務職の賃金

を市場競争の原理にさらさせた。

　日本では労働市場が非流動的であるので，強制的競争入札制度は導入不可能であるが，基本的戦略としては利用の余地がある。

　日本では高すぎるサービス人件費を回避する方法として，民間委託という迂回方法が採用されているが，賃金の官民格差を明確にして，一般行政職との連動性を遮断するのが，本来の賃金体系のありかたではなかろうか。

　イギリスの人事給与システムは，賃金に格差があるのは当然で，昇給の機会を平等に与えて，各個人が努力して等級を試験で上がっていくシステムとなっている。

第4章　給与適正化の政策選択

1　給与水準の適正化

　自治体における人件費抑制措置（平成12年度）は，第22表のように，昭和50年以降でも毎年，行われており，その対応もさまざまである。高度成長期に引き上げ過ぎた給与体系を，昇給延伸・初任給基準是正・運用昇短是正・わたり是正・最高枠外号級昇給期間延長，高齢者昇給停止などで，小刻みに是正している。

　ただ退職金・特殊勤務手当などの是正はこれからの感があるが，最近の動向は，長野県にみられるように，再度給与水準の切り下げが，主流となりつつある。

　このような自治体の給与適正化への努力は，一応は評価できるとして

第22表　地方公務員給与の適正化の動向

適正化項目	昭50	昭55	昭60	平2	平7	平12
1号下位への切替等	281	4	109	—	—	—
昇給延伸	343	22	196	31	11	44
初任給基準是正等	394	26	—	534	16	85
わたり是正	52	16	303	6	3	7
一斉昇短・運用昇短是正	81	29	204	156	8	14
一定年齢後の昇短停止等	197	—	218	13	7	162
一定年齢後の退職手当期間不算入等	72	—	—	—	—	103
諸手当是正	—	—	—	—	250	448

　注　12年度は『地方公務員月報』平成13年10月号21頁。
　　　資料　地方公務員給与統計研究会編『地方公務員の給与とその適正化』6〜12頁。

も，人事給与体系への基本的運用の理念・政策が明確でなければ，当面の人件費圧迫を，対症療法的に緩和するだけである。

基本的には第23表にみられるように，行きすぎた同一年齢同一賃金の弊害への認識が不十分である。

第1に，同一年齢同一賃金は，たしかに担当職員には有利なシステムであるが，管理職には不利である。管理職と非管理職の給与差はほとんどなく，さき東京都武蔵野市の退職金紛争の事例は，係員39万7,000円，係員40万8,600円，係長44万300円，課長42万5,600円，部長44万300円で，最大格差10.9％と約1割である。

第18表では担当職員が5級でストップしたとして，係長が6級の最高給与まで昇給したとして2.9％，課長で最高級に昇給したとして15.8％である。部局長は最高級までいくのは天下り職員で，生え抜きの職員は不可能であるが，給与格差は最大限で1.3倍である。

第23表　同一年齢同一賃金の弊害

区　　分	財政的効果	非財政効果
直接的効果	給与費増加	行政能率低下
間接的効果	退職金増加	改革意欲減退

この給与格差を妥当か，大きいか小さいかとみるかは，主観の問題となるが，検討のポイントは，現在の自治体の管理職は，成果主義でないので，年功序列・人間関係で決定さる要素が大きい。したがって担当職員と管理職の格差は，現状程度で辛抱できない状況ではない。

それでも，「このような状態では職員のやる気が起こるはずがない。士気の低下は行政の非能率につながる」[1]といわれているが，給与水準の低さより，給与体系の実質的不公平に対する義憤から，管理職の勤労意欲を喪失させている。

給与が1,000万円から900万円に切り下げられても，勤労意欲が低下す

ることはない。

　自治体職員は，一般職員もふくめてよく働くが，問題は人事給与・労務管理の杜撰な状況のため，各セクションで管理職を中核とした，事務処理の改善意欲とか，サービス精神の発揮が衰退している。

　第2に，同一年齢同一賃金のもとでは，安易な年功序列人事が採用される，潜在的要因となっている。管理職も給与に大きな差がないのであるから，管理職の自覚・責任が希薄で，事務事業への改革意欲は乏しい。

　人事制度が未成熟であれば，能力のない管理職が公務公害というべき，悪しき事務事業を生みだすなど，同一年齢同一賃金の数倍のデメリットをもたらす。

　すなわち給与体系が不合理であれば，人事行政も堕落し，事務事業も停滞し，経費のムダもはびこり，同一年齢同一賃金の病弊は，自治体組織の全身を侵すことになる。

　同一年齢同一賃金体系のもとでは，実施・実施能力の高い管理職システムの形成が，事実上は不可能である。それでも自治体は，組織面から政策・実施能力の向上への挑戦が試みられている。

　福岡県久留米市では，平成2年度から目標管理制度を導入し，目標の設定，進行管理，成果の評価と目標管理の体系（サイクル）にそって実施されている。

　しかし，人事給与システムの裏付けのない，目標制度の導入は，改革へのインセンティブは半減してしまい，事務事業の推進力も，片肺飛行のごとき停滞状況に陥ることを余儀なくされるであろう。

　第3に，自治体の人事給与システムは，「情勢適応の原則」を視野にいれた，政策的対応ではない。自治体の行政が，管理・規制的行政に比べて，サービス行政の比重が高くなったのに，年功序列賃金システムは，このような変化にそぐわない。さらに管理・規制行政から政策・誘導行政へと転換しつつあるのに，管理職の政策能力評価が欠落している。

　このような給与システムの枠組みで，人件費抑制は，自治体内部でど

のように努力しても，せいぜい給与水準の1割抑制程度である。サービス行政にふさわしい，民間並みの安価なマンパワーは，自治体給与体系では不可能であり，民間委託方式などの間接処理方式の導入しか選択の余地はない。

　要するに地方公務員の給与は，政策能力で決定されるべきであるが，職員の改革意欲は，一般的に年齢とともに退化していき，安定志向性が強まる。高齢者の給与ベースをおさえ，若年者の給与ベースを押し上げる，給与表の手直しを実施すべきである。

　平成12年4月現在で都道府県・指定都市の状況は，55歳昇給停止は新潟・富山・福井・高知県のみで，その他は58歳停止が多く，東京都・大阪府は58歳停止である。年功序列賃金の是正であるが，改革への道筋をつけつつある。

(1)　野見山・前掲「給与システム」41頁。

2　給与水準格差の分析

　地方公務員の給与実態を分析してみると,平均給与の状況は,第1に,一般行政職では平成7年度給与月額32万8,225円が,11年度34万8,164円,12年度35万3,931円,14年度36万5,845円と着実に上昇している。

　もっとも上昇の原因は,実質的給与水準の上昇もあるが,平均年齢は平成11年度41.3歳,14年度42.3歳と上昇しているのも原因である。およそ1歳で給与水準は,中高年で約1万円程度は定期昇給があるので,実質的に横這いである。

　給与是正としてもっとも一般的対策は,ラスパイレス指数による,給与水準の切り下げであり,「給与均衡の原則」にもとづいて,実施されていった政策的対応といえる。

　地方公務員の給与実態は,総務省の「地方公務員給与実態調査結果の概要」で毎年,公表され全国ベースの動向は,この調査によってかなり明確となる。したがってこれらの指数をベースにして,「給与均衡の原則」にもとづいて,地方公務員の給与水準における,現状の問題点は次のようである。

　第1に,「公民格差」で,地方公務員給与水準と民間企業給与水準の比較である。平成14年4月1日現在の「平成14年度地方公務員給与実態町村結果の概要」では,全職種平均給与は36万8,297円（平均年齢42.2歳）で,民間企業との格差はそれほど大きくはない。

　この「公民格差」の問題は,調査機関よりも,民間企業のどこに基準を設定するかである。たとえば青森県では県職員の平均月給は行政職（41.5歳）で39万5,860円で,青森銀行の行員の平均年収714万2,000円（37.8歳）に比較すると確かにひくい。[1]

地方公務員の期末・勤勉手当の4.7ヵ月で推計すると，青森県職員年収入は年齢調整で2万円程度さげ37万円とすると618万円となり，約100万円の「公民格差」が発生し，青森県職員の給与は低いとの結論がでる。

しかし，青森県内の建設業は平均年収376万円，卸売・小売業が398万円，製造業が418万円ときわめて低く，全国最低水準である。この年収額は年齢格差の調整が100万円程度は必要で，実質的には500万円程度ではなかろうか。

青森県職員の給与水準は，県内事業所の全平均でいくのか，大手企業か零細企業かの基準はなく，当該府県の選択になる。ただ青森県も地方債残高が高く，県住宅供給公社の不祥事もあり，制度的形式的基準で処理できない要素もある。

第2に，「官公格差」で，国家公務員と地方公務員の給与水準の比較が，有名なラスパイレスである。近年，給与水準としてのラスパイレス指数は，かぎりなく100に接近している。問題は国家公務員との比較でなく，民間企業との給与比較である。

このようなラスパイレス指数の給与平準化は，政令指定都市と町村の給与格差は7％であるが，民間給与格差は20％以上は開いているはずであり，全国指数にもとづく給与平準化施策の欠点である。

平成10年以降，自治体では給与水準の切り下げがつづいているが，平成14年度の実施の削減率は，都道府県で平均1.97％で，もっとも削減率が大きいのが愛知・鹿児島県で2.07％である。

この削減率は，第24表のように平成14年度のみで，すでに削減率を先行的に実施した，大阪府は1.81であり，東京都も1.64である。市町村である政令指定都市は概して引き下げは緩慢で，京都・大阪・千葉・名古屋市について，横浜市は1.71，川崎・神戸市は1.73，仙台市1.78，広島市1.81，福岡市1.92であり，北九州市2.02で上位に顔をだしているのみである。

第24表　都道府県・指定都市の給与削減　　（平成14年度）

削減率	都道府県・指定都市名（上位団体）	削減率	都道府県・指定都市名（下位団体）
2.027	愛知，鹿児島	0.000	京都市，大阪市
2.060	北海道，和歌山，札幌	1.450	千葉市
2.050	神奈川，宮崎	1.640	東京
2.030	埼玉，静岡，岐阜，滋賀，長崎，大分	1.680	名古屋市

資料　毎日新聞 平成14年12月21日

　第3に，「公公格差」である。昭和50年代以降，ラスパイレス指数で自治体の給与水準は，国家公務員の給与に接近してきたが，地方公共団体間の格差も縮小した。

　昭和49年度をみると，都道府県111.3，指定都市116.1，市110.5，町村99.2であったが，平成13年度は101.7と昭和43年度と△9.6，指定都市103.7で△12.7，市101.4で△6.5，町村96.1で△3.1と，縮小幅は町村がきわめて小さく，地方公務員給与の平準化を進行したといえる。

　町村の給与水準は，地域企業との公民格差みると高水準である。民間企業の賃金構造基本統計調査（平成11年7月）では，大企業39.9万円（100）で，中企業32.7万円（82），小企業30.0万円（77）と，約2割以上の格差がある。

　もっとも民間規模別の格差を，自治体の規模別に格差として適用することは問題がある。給与は当該団体の経営状況で決定されるが，自治体では小規模町村は，交付税措置で経営状況は良好である。

　しかし，規模別格差もあるが，地域別格差もあり，都市圏と過疎町村では二重の意味で格差は拡大している。このような「公公格差」における府県の場合はっきりしている。財務省調査では，国家公務員100で，沖縄県は民間75，県庁103，山形県は民間79，県庁105，愛知県は民間98，県庁125，東京都は民間112，都庁113である。都道府県で民間とも給与格差は0〜25もあることは，都道府県間での格差を示している。

したがって自治体の給与水準適正化は，「公公格差」のみでなく，「公民格差」からも調整されるべきで，ラスパイレス指数格差は，地域における官民格差からみると，地元に優良企業がすくない町村は，ラスパイレス指数が80～90が妥当な水準ではなかろうか。

　第3に，「職務格差」で，地方公務員の職種の比較である。「平成14年度の地方公務員給与実態調査」では，全地方公務員平均は，先にみたように給料月額は36万8,297円であるが，一般行政職（平均年齢42.2歳）35万8,784円，技能労務職（45.6歳）32万9,371円，小学校等教育職（42.7歳）40万4,527円，消防職（41.1歳）34万9,188円，看護・保健職（37.5歳）31万5,191円である。

　年齢差があるので，補正が必要で33万円台の定期昇給は約8,000円であり，45歳の一般行政職は約38万円で技能労務職との格差は，約5万円と賃金格差はきわめて大きい。

　おなじサービス職で消防職は，44.5歳では約38万円で4万円の差であり，看護・保健職は45.5歳では，給料は約38万円となる。専門職としての給与差は4万円前後となっている。

　自治体内部のいわゆる「職務格差」は，4・5万円で一応は妥当な水準であるかであるが，民間企業の場合「平成11年7月，賃金構造基本統計調査（労働省調）」によると，事務・技術系労働者と生産系労働者の賃金格差は，40～45歳では事務41.94万円，生産31.29万円で34％の格差があり，50～54歳では事務50.94万円，生産34.59万円と47.5％も格差がある。地方公務員の場合は，あっても1割前後でありり，職務格差は小さい。

　このような賃金の平準化は，技能労務職でも職務の内容にかかわらず平均化されている。おなじ技能労務職でも，環境事業部局の廃棄物回収サービス職員と，教育委員会の学校給食職員の場合は，勤務内容においてかなりの実質的労働力の格差がある。学校給食職員の実働勤務日数はきわめてすくない。しかも地方公務員であれば，給与は中高年で間接人

件費をふくむと，1,000万円になるであろう。

今日でも公務員の給与は，職務内容におうじて支払われるより，身分に支払われるという感覚である。この点については「特に都市においては，一般行政職と同程度あるいはそれ以上に重要なポイントとなる。近年，…………職務給の原則を無視した給与運用により，…………民間の同種の格差を著しく拡大させている」[2]と指摘されてきた。

問題は自治体内部の不公平もあるが，職種別給与の官民格差である。たとえば公営交通の場合，同一年齢でも民営企業の1.3倍の賃金ベースにあることが，統計的に算出されているが，学校給食・環境事業職員などの官民格差も同様であり，なんらかの方式で，是正の適用が避けられないのではなかろうか。

自治体職員の給与水準は，それでもかなり削減措置が注入されつつある。ただ一律カットであり，弊害もすくなくない。

第1に，ラスパイレス指数の低下であり，給与水準・昇給期間などの総合的措置であるが，1年で0.1ポイント程度である。

第2に，給与ベースのカットで，平成14年11月22日，長野県は来年4月から知事30％，部長級10％，課長級8％，その他職員6％をカットする方針を固めた。

警察官をふくむ県職員約2万9,500人の本俸が対象で，削減額は約130億円で，平均職員給与（係長43歳）で約49万9,000円減で703万5,000円となる。東京都の平成12年度の5％減額措置をはるかに上回る厳しい措置であるが，給与システムの改革措置は，注入されていない。

第3に，管理職の給与カット率が，おなじカットでも大きいのが一般的である。東京都は平成11年に組合交渉で，平成12・13年度で給与4％カットを決定し実施した。

しかし，14年度も4％カットを継続しようとしたが，組合のスト実施予告の抵抗にあい，管理職のみ4％カットにとどめているが，管理職組合のない管理職に，減額措置が適用されるのは，給与均衡の原則に逆行

する措置である。

　第4に，傾斜的給与カットとしては，中高年職員の昇給停止・延長である。和歌山県白浜市は，平成11年12月に55歳定期昇給を停止する条例を制定している。

　東京都の場合，給与額の4％カットと年末手当などの支給率カットで，平均職員での年収減は，数十万円をこえており，実質的に5％程度と推計されている。この水準以上の一律カットは，行政職・技能職、若年層・高年層の給与是正をそのままにしては，不公平が肥大化し勤労意欲を削ぐ恐れがある。

　第5に，注目されるのは各自治体間で，給与格差がひろがりだしたことである。一般的には厳しい地方財政でも，まず給与関係費の削減額はきわめてすくなく，年収平均額800万円とすると約2％前後であると推測でき，より一層の削減余地はある。

　財務省による公公格差をみると，鳥取県97.5に対して神奈川県122で，25％の格差が発生している。また公民格差では東京都は東京都118対地元企業117で格差は1ポイントをきっているが，沖縄県102.5対地元企業75で，37％も公共セクターの実質的賃金は高い。

　この傾向は山形・青森・岩手・秋田・島根などのみでなく，東京都・大阪府以外は，大都市府県も大きい，愛知県118対民間企業98で20％もひらいている。先にみたように官公格差に関心がいっていたが，逆公民格差をどうするかである。[3]

　第6に，給与水準の見直し措置などがみられる。大阪府は，平成15年度から平成11年度から廃止していた，優良職員に対する特別昇給を復活する方針を決定した。

　公平性や透明性を高めるため，人事評価制度との連動を条件として，これまで一律であった特別昇給のスピードを，2段階に分ける方法で実施する。30歳前半の若手が対象で，6カ月昇給を前倒しする。

　大阪府の給与水準は，平成10年度はラスパイレス指数が，105.2と全

国最高であったが，平成13年度は99.6と全国最低に低下した。若手には特に打撃が大きく，全国最高の大阪市（平成13年度106.7）などへ優秀な人材が，流れる傾向も出始めたと報道されている。(4)

　第7に，なお外郭団体における給与についても，削減措置がとられつつある。名古屋市は局長級840万円，部長級650万円と，名古屋市高速道路公社の給与を基準としていたが，50年度の地方財政悪化を契機として，巨額の退職金がヤリ玉にあげられたが，なかなか削減措置がとられなかった。しかし，平成不況で遂に実施された。

(1)　平成15年4月10日，朝日新聞
(2)　山崎・木下・前掲「地方公務員」401頁
(3)　平成15年4月10日，朝日新聞
(4)　山陰新聞，平成14年8月27日

3 退職金支給額の膨張

　自治体給与行政にとって，頭の痛い問題が，高度成長期に大量に採用した職員の退職金支払の圧迫である。第27表のように，インフレの要素もあるが，昭和43〜48年度で退職金は倍増しており，昭和48〜53年度も倍増している。そして昭和53〜58年度でも約20％の伸びをしめしている。

　このような退職金の異常な伸びに対して，昭和58年には先にみたように，武蔵野市で退職金騒動が発生し，物価上昇にもかかわらず退職金は，

第27表　全地方団体一般職員勤続25年以上定年・勧奨退職者一人当り退職手当額　（単位 千円）

区分	56歳		58歳		60歳	
	金額	指数	金額	指数	金額	指数
昭43	5,381	19	4,970	16	4,762	18
昭48	11,034	39	10,149	34	9,394	36
昭53	21,924	78	18,859	62	18,953	72
昭58	25,312	90	23,722	78	23,401	86
昭63	25,736	92	26,688	88	23,401	89
平5	28,009	100	30,229	100	26,390	100
平10	29,535	105	30,866	102	27,910	106
平12	29,628	106	30,396	101	28,399	108

注　平成5年度指数100
資料　総務省「平成13年度地方公務員給与実態調査結果の概要」『地方公務員月報』平成14年4月,55頁

昭和58～63年度で数パーセントしか伸びていない。

　昭和63～平成5年の5年間はバブル経済をはさんでいるので，約20％の伸びであるが，以後，平成不況で伸び悩み，平成13年度は58歳の退職金は，平成10年度にくらべ47万円の減少をはじめて記録する。

　注目すべきは退職金において，各地方団体ごとの金額において，平準化が起こっていることである。昭和43年度では60歳の退職金は，都道府県508.1万円，指定都市697.6万円，市411.4万円，町村300.1万円であり，指定都市と都道府県で37.3％，町村とは2.3倍の格差があった。

　しかし，昭和58年度をみると，都道府県2,265..8万円，指定都市2,500..5万円，市2,201.4万円，町村1,847.1万円で，都道府県と指定都市の差は約10％に縮小し，町村との差も1.35倍になっている。

　平成13年度では都道府県2,971.1万円，指定都市2,889.7万円，市2,856.7万円，町村2,490.4万円で，都道府県と指定都市の退職金は逆転し，指定都市と町村の差も16％に縮小している。

　ラスパイレス指数による給与平準化と同様の現象が，退職金でも発生しており，地域社会における官民格差を考えると，3割程度の格差があって当然であるが，中央官庁による抑制措置は，必然的に全国一律化となる欠陥をもっている。

　このような平準化の結果，今日ではほとんどの自治体で3,000万円台を保持しているが，日本経団連の平成14年度退職金調査によると，前回の平成12年度調査に比べて，金額は6.5％，月数は1.6ヵ月それぞれ減少している。金額は平成8年をピークに減少傾向で，大卒男性60歳定年退職者で，退職金は2,512万円で，40.8ヵ月である。

　自治体の退職金と約500～1,000万円の差があり，月数で約20ヵ月差がある。平成12年度の退職金は2兆1,112億円であり，民間との格差30％とすると，6,334億円の節減となる。

　しかし，現在でも自治体の退職金が，このように高水準を維持しているのは，さまざまの優遇措置が残っているからである。自治体は官僚・

組合が謀議で狡知を発揮して，実質的な退職金のカサ上げを画策している。

東京都の「一日校長事件」（平成4年12月15日）のように，勧奨退職におうじた者を同日付で校長に昇任させ，退職金を支払うという脱法的優遇措置がなされる危険性がある。

さらに共済組合からの給付方式など，あの手この手で退職金の優遇措置を死守していこうとしている。当面，問題となるのが，勧奨退職システムである。

都道府県・指定都市で「特別昇給制度」が，国に準ずる型で47都道府県と，12政令都市で実施されていることが判明した。退職金算定の基礎となり給与額を引き上げるため，退職時に給与の1・2号俸をカサ上げする優遇措置である。

一般的に20年以上勤続した職員に，1号か2号の引き上げである。2年の団体が半分であり，1号で一人当り約20万円，2号で40万円である。制度による加算額は平成13年度で，東京都で13億円，大阪市で3.4億円である。

大阪府堺市は平成14年11月21日，退職金を10％減額を決定したが，このよう退職金支給率引下げは，全国で初めてである。

なお地方公務員の退職金は，技能労務職員のように中年の転職者が多いので，20〜25年勤続の退職となり，30〜40年勤続職員とも退職金格差はきわめて大きい。

民間企業を10年前後で退職しており，それほど多額の退職金をえているのではなく，短期・中期退職金を優遇し，長期退職金を抑制すべきである。

第3に，退職形態としての勧奨退職制度の見直しである。平成12年度の退職事由別は，退職者11万8,914人であり，普通退職者4万538人（34.1％），定年退職者5万1,641人（43.4％），勧奨退職者2万1,283人（17.9％），その他5,452人（4.6％）となっている。

問題は退職金額が，退職の形態で大きな格差があることで，平成12年度では，一般職員で整理退職等（準則第5条）では一人当り2,870.5万円，長期勤続後の退職（準則第4条）1,769.2万円，普通退職（準則第3条）199.9万円で，平均一人当りは1,954..3万円である。

　このように勧奨退職で退職金が，大きくなるのを回避するため，勧奨退職制度の見直しがすすめられ，一律勧奨退職から個別勧奨退職にきりかえる方法で，勧奨退職制度の設置団体数は，平成5年度2,980団体から12年度2,907団体に減少している。

　このような勧奨退職措置の改善で，勧奨退職年齢は役付職員で，55歳未満の比率は，平成元年5.7％であったが，12年度では31.7％に上昇している。一方，58歳未満は元年58.3％が，12年度では29.2％に低下している。

　その結果，定年退職比率は，平成元年の39.6％から12年度には43.4％へと上昇している。一方，勧奨退職は元年の23.0％から12年度の17.9％へと減少している。

　第4に，現在自治体は退職金対策として，高齢者早期退職奨励制度をつくり，退職を促していくという対応がとられている。

　平成10年の大阪府守口市「早期退職制度」では，25年以上の職員に退職金30％の上乗せ優遇措置が提示され，人件費節減の切札として期待された。希望者が殺到したが，「国の基準」は50歳以上で20％であり，自治省・市民の反発もあり断念した。

　早期退職制度導入で，人件費を18億円削減できただけに，担当者には割り切れない思いが残ったといわれている。しかし，このような自治体の勧奨措置は，給与水準の高齢者引下げ，退職金支給月数減少などの措置を並行して導入していけば，規定退職金の30％アップでも問題はないであろう。

　しかし，今日のような財源不足の状況で，従来のような勧奨退職方法では，大量の退職者を相手にしては，本当に財政はパンクしてしまうで

あろう。まして自治体の退職金は，民間企業のように退職金準備金などの積立はしておらず，退職手当債を発行して，この窮地を切り抜けているのが，債務の繰延べで，あとになって禍根を残しかねない。

平成14年三重県津地裁は，勧奨退職金加算分981万円（2人分）の返還を命じた。希望退職者にあわせて勧奨退職者を募集したのは違法として，住民訴訟が提起されていた。

60歳定年職員に勧奨退職措置を適用するには，あきらかに自治体の脱法的措置であり，財政状況・行政サービスなどを考えると，自治体の背信行為といえる。

第5に，なお定年退職・勧奨退職者の再就職状況（平成12年度）は，一般行政職の定年退職1万4,471人のうち，再就職者は7,021人で，当該団体に再就職した者は3,240人，再就職しなかったも者は7,450人である。

技能労務職については，退職者1万35人のうち再就職者4,069人で，当該団体に再就職した者は3,295人，再就職しなかった者は5,966人である。

勧奨退職についてみると，一般行政職では退職者5,352人のうち，再就職者3,355人でうち，当該団体への再就職者は901人，再就職しなかった者は5,252人である。技能労務職では再就職者103人で当該団体への再就職者70人で，再就職しなかった者は1,231人であった。

長野県は平成14年度から58法人へ再就職した，県職員（117人）の退職金廃止を決定した。青森県は平成14年3月以降の退職者を，外郭団体の17公社・法人への天下りを廃止した。

手当でも勤務手当は，金額的には小さいが，制度の運用としては，合理性・不合理性が厳しく問われる措置である。特殊勤務手当は，本来の業務に付加される「不快」・「危険」などの労働である。

しかし，「戸籍事務手当」「税務手当」「運転手手当」「保険料徴収手当」「電話交換手当」などでは，本来の業務として雇用されている，業務手当は二重支給となる。このような手当で最高裁判所まで争ったのが，先にみた「窓口手当」である。

第1に，特殊勤務手当の実質的違法・不当支給の問題である。特殊勤務手当などの不当・違法支給がある。平成11年4月11日，最高裁判決で，熊本市の「昼当番」手当を認めていた給与条例が違法とされた。この事件に象徴されるように，民間企業では当然とされることでも，自治体では労務管理問題としてなかなか改善されない。
　東京都八王子市は，平成11年12月に同居する家族が職員でいる場合，家族手当を一人だけに給付することにし，従来から批判されていた二重支給の批判に応えることになった。
　第2に，超過勤務手当の処理方式の問題であり，一律みなし支給方式である。岡山市の監査委員は平成12年7月に，ごみ収集超過勤務手当において，実際の拘束時間をこえて一律五時間支給していた不正行為を摘発し，市へ返還すべきと勧告している。
　大阪市でも平成13年に「不法建築物等撤去監察手当」（1日1人250～500円）で，不正支給があり，住民訴訟で追求され，職員がカンパで3,800万円を募り返還している。
　第3に，特殊勤務手当の事務処理の煩雑さで，事務費のほうが手当支給額より大きいケースがめずらしくない。自治体で民間委託がすすめられる背景には，職員に対する人事・労務管理の煩雑さからの解放がある。
　直営方式では，このような特殊勤務手当の処理をめぐって，延々数時間以上も労使交渉がもたれる。そして決まれば決まったで，その事務処理に延々数時間以上も，各事業所で時間が費やされる。
　自治体職員はこのような労務管理・事務などに精力を消耗し，本来の行政政策の立案などはおよばないという，デメリットは無視できないのである。
　超過勤務手当と同様の経済給付として，検討していかなければならないのが，首長等の給与であり，地方議会議員の報酬である。
　第1に，知事・市町村長，副知事・助役，出納帳・収入役などの特別職の給与は，給与はともかく，退職報酬金は問題である。議員は退職金

はないし，近年では外郭団体の役員も退職金廃止がつづいている。いわゆる三役は特別職である点を考慮すると，退職報酬金の支給は疑問である。業績に対する報奨金制度とすべきである。

　第2に，地方議会議員については，全国で3,605億円（平成11年度決算）で支出しているが，近年のさまざまの環境変化からみて削減すべきである。

　地方議会議員は，基本的にボランティアか専門政治職かの議論の決着はついていない。三役なみの給与水準は，いずれにしても高すぎる。しかも調査費名目で都道府県・指定都市などは，月額数十万円の調査費が支給されているが，それに見合った議員活動が，なされているか疑問である。

　自治体の統制が，議会が主導力を発揮した時代から，市民オンブズマンなどの市民統制，外部監査などの外部統制の比率が増加しており，トータルとして費用を考えると，議員報酬のさらなる切り下げは不可避である。

4 民間方式導入と人件費節減

　公共投資や行政サービスと同様に，人件費もトータルとしての給与財源を，どこに傾斜的に配分し投入するのが，もっとも経済・効率・効果的給付かの視点から，人事給与施策の選択がなされるべきである。
　結論からいえば，自治体行政当局，職員組合，地方公務員は，給与・退職金の大幅な削減を受忍するか，民間方式の全面的導入かの二者択一の選択をせまらる窮状にある。
　それは自治体が，人件費削減にいかに努力しても，現在の給与表の枠組みのもとでは，一定の限界がある。たとえば現実的方策として，退職者不補充による定数削減，給与水準の毎年1％引き下げ，退職者毎年1ヵ月低下，定期昇給停止措置の年齢毎年1歳引き下げ，"わたり"措置の段階的是正などである。それ以上の削減は，組合・職員の抵抗を考えると，急激な削減は不可能にちかい。
　したがって自治体としては，民間委託方式導入によって，ハードランディングよりソフトランディングにもとづく，人件費削減を採用する必要がある。人件費削減において，実効性のある施策は，民間方式導入を容認し，さらに積極的に市民・団体・企業に，事務事業を移管しなければならない。
　現実問題として給与財源が限定されている以上，地方公務員は選択を迫られる。給与における既得権は，あくまでも死守し，しかも民間方式の導入は，自治体や組合の勢力範囲を狭める措置として，あくまで反対するという，かたくなな態度は許されない状況となった。
　概算であるが，民間方式の効果を試算すると，職員が関係する事務事業の1割を民間方式に切り替えると，民間の人件費が半分とすると，30

兆円の人件費が27兆円となり，委託費1.5兆円ですみ，差し引き1.5兆円，人件費ベースで5％カットに相当する。

しかもこの場合は，職員の給与削減という被害はない。かりに自治体の人件費をラスパイレス指数で，5ポイント低下させることは，すくなくとも10年間かかり，ラス指数100前後での低下措置は，政治的行政的にもその抵抗力は，きわめて大きいことを覚悟しなければならない。

民間方式は，この点，職員給与削減の打撃を緩和する措置としても，有効な対応であり，おそらく今後の有力な人件費戦略の方法である。なぜなら人件費削減に対する，自治体・職員・市民の対応からみても，ベストの選択といえる。

第1に，地方公務員は，給与水準がさがれば，より給与水準のよい分野へ転職できるかである。公営交通の給与カットがすすめば，民営交通への転職は考えられるが，実際は民営から公営への転職はあるが，その逆は稀である。

まして今日の雇用不安定を考えると，公務員の安定性は抜群であり，一般的には転職は選択しがたい。したがって給与削減への反対は強い。

第2に，給与水準をまもるには，労働生産性の上昇で対応できるかである。給与実態を明確化して，目標数値を設定して，労働生産性に見合った給与水準設定という，労働協約の締結は，制度的には可能である。

自治体の今日の事務事業処理の実態は，官僚制の弊害が，事務事業処理の非効率化をもたらしており，3Eの原則などの導入で，かなりの事務量の削減は可能である。

しかし，問題は，公務生産性を挙げたから，定員が確保され，給与が維持されるような慣習はなく，頑張った部局も一律削減の憂き目をみる。

要するに効率的経営的システムが，定着していない状況では，生産性に如何にかかわらず，一律的に削減され，効率化・合理化の努力は報われないシステムになっている。したがって公務生産性向上にともなう，人件費節減の期待はほとんどのぞめない。

第3に，給与水準をまもるには，安い労働力を導入して，平均コストの低下を図っていく方式の導入である。かりに5人の正規職員がおり，1人の欠員を臨時職員で補充すれば，給与コストが半分であれば，給与水準は10％削減されたことになる。

　自治体内部での対応は，自治体の給与・人事制度の制約があるが，臨時職員・特別職の採用などで，部分的には活用されている。このような弾力的人事システムを制度化し，トータルとして人件費削減をめざすべきである。

　私立大学では，特任教授（60歳以上～70歳定年・給与一般教授の半額），非常勤講師（1講義5,000円，一般教授の数分の1）が，人件費がらみで，人事制度として導入され定着している。自治体でも民間人を特別職への短期雇用形態がひろがりつつあるが，民間方式の直接的人事への適用である。

　第4に，一般的戦略としての民間方式の導入で，従来の「公共性の神話」にもとづく，直営方式のコペルニクス的転換をせまるものである。行政サービスとはいえ，民間方式のほうがコストが低いだけでなく，地域サービスの本来のシステムなのである。

　さらに地域社会における，自治体の行財政権限の分権化の表れであり，今後，共生・共益サービスの多くが，ＮＰＯなどの民間への委託・移管がすすむであろう。

　現実の動きは，コスト・質の面からみて，民営化の選択肢がとられつつある。自治体行政の民営化は，従来は批判されてきたが，むしろ自治体改革の有効な手法として，再評価されるべきである。

　第1に，自治体が直接的に提供する投資・サービスは，生活保護とか防災工事といった，外部効果がきわめて大きな分野に限定して，基本的な方向は，補助金・委託費など「公益支援性」を活用して，民間方式で投資・サービスの拡大を図っていくべきである。

　ことに地域生活サービス・共生共益サービスの増大である。地域サービスは，大きく区分して行政サービスと市場サービスに区分されてきた

が，現実の社会では中間サービス（準公共・共生・準公益サービス）が，大きな比重をしめているのである。

そのようなサービスの受け皿として，公益公共のいずれにも属さない共益・共生セクターといわれる，ＮＰＯ・ボランティア団体・市民事業団体などの胎動がみられる。

このような拡大する行政サービスに対応して，公務員を増加させれば，それに見合った人件費が必要となり，給与水準の低下となるが，民間方式を活用すれば，給与水準の低下を抑制できる。

第2に，財政再建には必ず民間委託論争が，華やかに展開される。市町村では行政サービス費の比重が高く，サービスコストの軽減の効果は大きい。たとえばごみ・学校給食・施設管理などの一般サービスの民間委託方式導入の減量効果が大きい。

このような民間委託の普及状況は，委託料は物件費のなかでも，3兆9,211億円（平成11年度）と，49.1％をしめる。昭和63年度の1兆4,850億円に比べて，2.26倍に増加していることによってもはっきりしている。

委託方式も外郭団体方式だけでなく、行政事務事業を民間部門に設計・建設・運営と全面的に委託するＰＦＩ（Private Finance Initiative）方式などもひろがりをみせており，従来の経費節減型の民間方式とは異質の局面を迎えている。

ＰＦＩについては平成13年2月16日，三重県桑名市が図書館等複合施設でＰＦＩ方式を導入で，建設と30年間の管理運営を民間企業に委託する。期間終了後は民間から市へ無償譲渡される方式である。

試算では市直営方式では，総額151億8,400万円であるが、ＰＦＩ方式では14億7,000万円すくなくてすむ計算となっている。毎年5,000万円の経費節減になる。

また平成13年2月27日に三重県四日市も，公営住宅の建て替えをＰＦＩ方式で実施することになった。民間委託は公共サービスの市場化・収益化であるとか，ダウン・サイジング効果の過大評価であると批判さ

れている。

　しかし，財政運営の現実からみれば，民間委託反対論は，地方公務員の既得権擁護のための"ためにする"論理であり，結局は行政サービスの不足をもたらし，市民福祉の犠牲にににつながる。

　さらにもし直接的処理方式に固執すれば，その分，行政サービスの縮小か，給与水準・職員定数の削減かの選択となる。

　第3に，枚方市は平成10年12月20日，「事務事業再構築プラン」をまとめ見直し41業務のうち24業務について民間委託をきめたが、論議を巻きおこしてる。

　公共施設の管理運営・ごみリサイクル事業・公園の清掃などであるが，市の考えは「地方分権や少子・高齢化に伴い市が，担う責務の範囲が広がるとした上で，『市民との協働』が発展のカギを握ると指摘。非営利組織（NPO）の力量が高まっていることを挙げ『民間の営みで解決できるものを見極め，市民参画のシステムを確立』する」[1]といわれている。

　これに対して「財政悪化のツケを市民に押しつけるもの」「民間委託で解決するなら、市役所の仕事とは何か」「効率化とサービスの向上は両立しない」[2]と批判されている。

　このような批判は，自治体行政における公営民営の実態を，よく分析していない無責任な批判である。民営にしたからサービス水準が，落ちるわけではない。自治体がすべてのサービスを直営でするのが「公共性」ではなく，民営もふくめてサービスを維持する役目が，自治体の「公共性」である。

　また民営においてこそ，効率化とサービス化は成立するのであり，公営ではサービスとしての質は確保できても，コストの面での効率化は成立しえない。要するに今日でも，施設管理の民営化，行政サービスの民間委託によって，地方公務員の給与水準が辛うじて維持されているのである。

　第4に，要するに行政サービスの供給システムの選択問題であり，行

第28表　間接方式導入の状況

事務事業	事業費	直営人件費	民営人件費	節減額	処理方式
学校給食	500	300	150	150	民間委託
生活ごみ	5,000	3,000	2,000	1,000	企業委託
保育所	2,000	1,500	1,000	500	私立方式
公共施設	3,000	2,000	1,000	1,000	PFI方式
公営住宅	1,000	500	300	200	外郭団体
合　計	11,500	7,300	4,450	2,850	

政サービスは，自治体の直営方式でなければならないという論拠は，今日ではすでに時代錯誤の考えである。

むしろ自治体直営方式は保育所サービスでは，深夜・長時間保育所などは民間の無認可保育所にまかせている。ごみ収集でも深夜・早朝・不定期ごみなどは，民間許可業者に分担させている。

このような状況は自治体による「公共性の放棄」であり，民間による「公共性の追求」であり，官民の使命・役割が完全に逆転しているのである。

民間方式も問題があるが，自治体が導入方法さえ失敗しなければ，民間方式のメリットは絶大である。それは自治体の人件費を抑制し，行政サービスの供給量を拡大し，サービス水準を高め，地域社会を活性化するのである。

ただこのような民間方式も一気に導入すると，当該自治体において過剰人員が発生し，組合との摩擦も大きい。したがって可能なかぎり，早期に方針・計画をきめて，段階的に導入するのがのぞましい。

いま標準的な自治体における，間接・民間方式導入と人件費節減を推計してみると，第28表ようになる。第1に，地方公務員の平均給与は800～900万円前後である。平均年齢が高いので割高である。したがって地方公務員でなければ，処理できない事務事業以外は民間方式がよい。第

28表にみられるような行政サービス・公共施設管理は，間接方式になじむ分野である。

　第2に，民間方式が人件費が割安なのは，いいかえれば民間が低賃金でマンパワーを確保しているからであり，極論すれば労働者の犠牲で，安価なサービス提供が可能となっている。この点，社会選択の問題である。

　官民格差が給与水準で，50～30％あるとして，行政サービスコストの削減額を試算すると，第28表の事例では，人件費節減率は平均で39.0％で約4割であるが，実際は全面委託するには20～30年間かかる。たとえば公立保育所の保育士が定年するまでとすると，40年はかかる計算になる。他の行政サービスも同様である。

　第3に，自治体給与と民間給与との差は，専門技術職では，あまり大きな差はない。したがって病院・学校などは民営化しても，効果は限定的であり，病院・図書館などは，部分的な作業の民間委託，臨時職員・特別職の活用となる。

　いずれにせよ間接処理方式は，多彩な方法があり，自治体が間接的方式の活用は多くの分野で可能であり，どこまで利用していくかである。

　民間方式は，今日では経費問題ではなく，環境・福祉・人権・教育など行政サービス分野でも，自治体の能力・機能の限界がみられ，供給適格性がとわれつつある。自治体と地域社会の連携による，地域サービスの創出が求められているのである。

　したがって自治体は，人件費削減問題からのみでなく，高次の地域サービスの提供のために，主要施策として民間方式を採用・促進させていけば，結果として人件費の節減される戦略をもつべきである。

　(1)・(2)　読売新聞平成10年12月20日。

第5章　人事制度の再編成

1　職階制導入の失敗

　内部管理行政である，財政・人事・給与・組織は融合しており，財政的にも人事給与の適正化がなければ，財政運営の安定化はのぞめない。ことに人事行政においては，給与体系が，同一年齢同一賃金では，適正な人事行政が成立しがたいのである。現状は，自治体運営において，実際は相互の制度・体系の欠陥が複合して，相乗的に影響を肥大化している。
　第1に，財政状況がよいと，安易に職員を採用し，財政悪化がつよまると，原則なしに人件費削減に腐心する。財政担当部局が，人件費には無警戒なのは，公共投資より財政後遺症が，大幅に遅れて顕在化するからである。退職金の場合は，潜伏期間は約40年である。
　公共投資は目にみえる外的傷害であるり，真剣に対応されるが，給与システムの歪みは，内的疾患である。首長・組合・職員の拒否反応は，公共投資より激しく，行財政の機能障害をきたす，より厄介な病弊である。
　高度成長期，各自治体とも行政需要が，増大したこともあるが，財政的余力もあったので，大量の職員を採用した。
　しかし，オイルショックで地方財政が逼迫すると，自治体によっては採用人数を，10分の1に激減させている。このような計画性のない人事は，過剰な公共投資に匹敵するムダな支出である。しかも職場において，悪貨が良貨を駆逐し，自治体全体のモラルハザードを誘発している。
　第2に，人事評価システムが，未成熟であるため，職階制導入を断念し，管理職ポストに困ると，管理職ポストを乱発する。ポストのために，組織の重層化・細分化・重複化を来すことは，当該管理職の人件費は，その分だけムダとなり，場合によっては事務事業の停滞の元凶にもなる。

政令指定都市でも設置していない，課長補佐が人口10万人前後の市町村で制度化されているが，行政処理には無用の制度である。中高年人事のための救済職制であり，10人いれば，直接的人件費で1億円，間接的な事務処理の停滞で，5,000万円のムダが生じているといえる。

ポスト不足への対応は，たしかに実際は必要であるが，もっとも有効な措置を採用すべきで，具体的には長期外部研修に派遣するとか，ＮＰＯ支援への人材派遣とかで対応すべきである。

自治体は多彩な人事政策によって，自治体の政策能力を向上させる，施策の意味を評価しなければならない。自治体の政策能力の低水準は，人事政策にあり，そのため事務事業の選択をあやまり，事業破綻から巨額の財政損失をもたらす羽目になる。

第3に，給与運用は，"わたり"で，同一年齢同一賃金制が定着しており，経済インセンティブが，人事システムに連動していない。そのため自治体は，管理職乱設によって給与システムの隘路の打開を図っている。

しかし，このような対応は，科学的人事評価にもとづかない人事が横行し，政策・実施能力のない管理職の誕生となる。結果として，事務事業が停滞し，事務事業のムダがはびこり，財政悪化の悪しき連鎖反応を引き起こしている。

第4に，人事給与の運用は，中央政府・自治体・組合の3つの行財政力学の調整で行われているが，それぞれが利権確保の露骨な利益追求型であった。

中央政府は，給与抑制を督励するが，一方で天下り人事という，非近代的人事の注入を当然視している。自治体は，組合の抵抗で職階制は骨抜きとなり，昇格・昇任試験制度すら実施を阻止され，廃止の憂き目をみている。

自治体は，天下り人事に対して，欧米のように一般公募方式という，具体的に有効な対案を提示することはなかった。また職階制を導入し，責任と技能におうじた，給与体系を創設することもなかった。

人事行政に限定されないが，自治体の内部管理事務における，政策的視野の貧困である。このような節度なき人事政策の結果，自治体人事は，

第29表　人事政策の課題

自治的自立的人事政策の策定 ———	人事・給与・財政・組織の総合化
公務員人事制度多様・弾力化 ———	事務補助職員制度の導入・優遇
地方公務員意識改革・変貌 ———	自治体行政の民主化・科学化
地方公務員制度の職階制創設 ———	目標管理・成果主義・能力主義導入

多くの制度的運用的な歪みを是正できないまま，今日を迎え，第29表にみられるような，人事行政の改革課題に直面しているのである。

　このような非自治的・非近代的人事の改革は，第1に，「職階制の導入」である。一部の自治体では昇格・昇任試験制度などが導入され，職階制形成への努力があったが，全体としては，単なる給与表の適用にとどまった。

　職階制は，職務の種類及び複雑・困難と責任の度合いにもとづいて管理職を設定し，これに対応して職務給を適用するシステムである。要するに事務事業の執行における，権限・責任の階層的配分だけでなく，それにみあった給与表の適用によって，給与的にも裏打ちされなければならない。

　しかし，日本の人事体系は，ジェネラリスト中心の人事で，職階制導入は「集団的職務内容執行体制を伝統的に採用してきたわが国に導入するのはきわめて困難であったのである。また，個々の職員の能力に依存するよりは，組織全体としての能力を重視し，個々人の職務内容にはきわめて融通性を有している組織にとっては，職階制に対する拒否反応があるのはむしろ当然だったといえる」[1] と疑問視されている。

　このような集団方式は，行財政運用の無責任体制をうみだし，事務事

業のムダの温床ですらある。自治体は，政策性と責任性のある職階制を確立しなければならないが，組合サイドも職階制は，身分制の再復活として反対した。

　結果的に職階制は，わたり運用で擬似職階制として，職種は一般行政職，技能労務職，技術職，企業職などの給与と関係のない分類にとどまった。

　しかし，高度成長が崩壊し，不況経済へ突入すると，限られたポストの配分という現状から，職階制導入による，職員選別主義への移行が避けられない事態となった。

　しかし，自治体は，どのような成果・能力主義を導入するか自信がなく，依然として年齢ポスト主義で対応しているが，見えざる経費のムダはをうむ，温床を培養するだけである。

　第2に，公務員制度の「雇用形態の硬直性」の打開である。地方公務員制度はなるほど，中央政府が制定するが，自治体が欠点を摘出し，運用でその欠点を治癒することは可能である。

　自治体は，人事給与制度の適正化に，むしろ逆行する運営がなされた。地方公務員制度の硬直性からくる，臨時職員解消の失敗，昇格システムの導入失敗など，自治体人事の制度の空洞化である。

　自治体の人事行政は，財源不足・人件費抑制という外圧と，地方公務員制度の非弾力化のはざまで，臨時職員問題となって，自治体人事行政に暗い影をおとしてきた。

　外郭団体方式の導入は，施設管理・サービスにおける，公務員雇用形態の硬直化を回避し，公務員給与条例の適用除外領域における雇用創出にあった。しかし，自治体の人事給与の管理能力なくしては，外郭団体すら職員膨張・役職乱設の原因にすらなった。

　第3に，「経済社会環境に適合した人事政策の欠如」である。直営方式への信奉が，いたずらに職員数を増加させた。昭和40～60年にかけて，臨時職員のみでなく，行政関連団体の職員までも正規化されたが，この

昭和50年前後の安易な人事措置の後遺症が,今日の膨大な退職金増加となっている。
　自治体は,昭和50年代後半,このように増加した職員の給与圧力を削減するため,民間委託をすすめたが,近年の人員年令構成の高齢化は阻止できない。
　平成20年まで「団塊の世代」層の圧力がつづくが,自治体は退職金・役職ポスト・モラル維持など,人事給与の山積する課題に,現在のシステムで対応できるのかである。
　大分県別府市の職員構成(平成12年4月1日現在)をみても,50歳台40.1％,40歳台29.8％で,40歳以上で69.9％をしめる。ちなみに20歳台12.7％,30歳台17.8％である。
　しかも管理・規制・専門行政が,地方行政の中核を占めていた時代から,サービス行政の比重が高まってくると,すべて終身雇用の公務員でという原則は,いかにも不自由であり,経費のムダも巨額になるが,問題は未解決のままである。
　第4に,「人事行政における責任性」の欠如である。戦後,縁故・情実人事,天下り人事など,人事行政における公平性の原則を,歪める措置が罷り通った。
　基本的には,「制度そのものというよりも,制度本来の趣旨を忘れた結果ではなかろうか…………身分保障の規定の表面的な解釈が『甘え』をはびこらせ,平等取扱いの原則の機械的な運用が,『機会の平等』よりも『結果の平等』を重視する傾向を助長させた」[2]のである。
　人事における形式的職階制は,管理職における能力・責任を曖昧にした。年功序列方式で管理職となった職員は,政策能力・実施能力において検証されることなく,事務事業決定権を付与された。
　そのためムダな事務事業をはじめ,第三セクターの破産にみられるように,巨額の損失を当該自治体にもたらしたが,首長すら責任をとらない。同一年齢同一賃金制のもとで,管理職に責任を追求する,合理的理

由がみいだしにくいのである。

　第5に,「市民意識注入の失敗」である。地方公務員の勤労意欲を引き出す刺激,市民性を涵養していく工夫も乏しい。地方公務員は,市民・職員・労働者の3つの性格をもつといわれているが,労働者として勤労意欲が旺盛で,公務員としての専門能力を十分に習得し,なおかつ市民感覚をもった柔軟性が求められる。

　官僚意識の払拭といっても,マンネリ化した研修でお茶を濁している,前例踏襲主義の状態にある。将来,必要な人材はどのようなマンパワーか,その時に備えて民間人を採用するといった戦略は皆無である。

　要するに"労働者"であるより"公務員"であり,"公務員"である以前に"市民"でなければならない。それは公務員が専門官僚としての卓抜した技量をもていても,市民的精神が欠如しておれば,政策選択の最適化は期待不可能である。

　これまで自治体職員は,自治体という組織への忠誠心・求心力にそって勤務してきた。しかし,本来,地方自治体は市民の共有物であり,市民への忠誠心という官僚組織を分解する遠心力は,市民へ向かって働かなければならないのである。

　近年,自治体幹部への民間人の登用,外郭団体の経営責任者への企業経営者の就任がつづいている。民間人がそれほど優れているとの実証はないが,地方公務員の経営能力が,余りにも低すぎるのである。同一年齢同一賃金とか,業績評価なき人事システムのもとで,地方公務員の能力は,次第に退化してしまったのである。

(1)　大河内繁男「職員の異動と能力開発」西尾勝・村松岐夫編『講座行政学・Ⅴ』216頁。
(2)　小林清「東京都における人事制度改革の取組」『地方公務員月報』平成13年4月16頁。

2　雇用形態と臨時職員

　人事システムの改革課題は，まず臨時職員問題である。戦前の雇員・傭人は，「官吏にあらざる官吏」であるが，雇は官吏への道が狭いが，文官任用令は「4年以上雇員タリシ者」は，判任官への登用の門戸は開かれていた。

　しかし，今日の臨時職員は，制度的保障もない，変則的職員で奇形的賃金給付を生み出し，公務労働者の給与をきわめて歪められたものにした。

　政府は第17条職員については，「恒久的と認められる職については，特別の事情のあるものを除き，雇用期間を限って職員を任用することは適当ではない」（昭和31.7.18.自公発28）と，脱法的処理は封殺していった。

　しかし依然として自治体において短期雇用職員の実質的な長期雇用形態があり，常勤的非常勤・臨時職員問題が未解決で，いわゆる「17条職員」，「22条職員」として，解決は長期化していった。

　この問題については，昭和30年代，「定員外職員の常勤化の防止について」（昭和36・2・28閣議決定），「定数外職員の定数化について」（自治政務次官通知・昭和36・7・11・自治乙公発第25号）で，方針は決められ，自治体において正規化がすすめられていった。

　臨時職員は，第30表のように区分でき，地方公務員法は次のように規定している。法第3条3項2項は，「臨時又は非常勤の顧問，参与，調査員，嘱託及びこれらにの者に準ずる者の職」と，職務の特殊性にもとづく特別職を導入している。

　法第17条は，「職員の職に欠員を生じた場合においては，任命権者は，…………職員を任命することができる」，法第22条2項は，「緊急の場合，臨時の職に関する場合…………6カ月をこえない期間で臨時的任用を行

第30表　自治体労働者の雇用形態

区　分	地方公務員法の適用	勤務の形態	任　用　事　例	備　　考
特別職	法3条3項3号	非　常　勤	婦人・児童相談員,学校給食,ホームヘルパー	顧問・参与・嘱託
一般職	法17条	常　　　勤 非　常　勤	一般行政職員,公営企業職員,技能労務職 学校給食,ホームヘルパー,施設要員	一般競争試験
	法22条2・5号	常　　　勤 非　常　勤	事務補助員,施設要員 学校給食,ホームヘルパー	原則6カ月

うことができる」と，短期雇用職員を認めている。

　問題は，17条職員の非常勤職員であるが，採用において必ずしも3・22条にもとづく者かは不明であり，安易に採用された職員は「第三の地方公務員」といわれている。

　自治体はその後も，健康保険料徴収員,学校給食職員,交通指導員,配送事務職員,職員食堂職員など，多くの職員を3・17条職員として臨時職員を採用した。

　自治体の運用が，極めて拙劣で場当たり的である。そのため非常勤・臨時職員問題は「普段の時は安易に扱われており，いったん，事がおこってから慌てて対応策を泥縄式に練るのが実情であろう」[1]と批判されている。

　もともと臨時職員問題は，自治体の人事政策の欠落，財源主義のあしき欲望が生みだした弊害である。第1に，正規職員と非正規職員の給与・労働条件の格差は余りにも大きく，一種の給与人事差別ともいえる。財源不足から福祉職員すらパートで採用し，急場を凌いでいる一方で，安易な行政サービス部門で，多くの正規職員が従事している。

　このような状況は，公務労働の公平性から，職務の内容が全く一緒であるのに，たまたま採用方式の相違で給与・身分が異なるのは，平等の

原則に反する。

　自治体によっては，正規職員が年齢的に厳しい労働に耐えられないので，臨時職員が過酷な労働条件のもとで，補完マンパワーとして便宜的に利用されている。

　正規職員が，本来の公務に肉体的技能的に対応できないのであれば，退職を選択すべきであるが，職員個人としては，経済的給付の魅力を考えると，退職は論外の選択となる。

　しかも職務の内容が全く一緒であるのに，たまたま採用方式・団体の相違で給与・身分が異なる，処遇格差の問題が今日も続出している。

　自治体は，正規職員とパート職員の賃金格差は，実質的には数倍あり，自治体は地方公務員法の改正の運動をし，民間企業のように総合職・一般職の区分を設定するか，中間的身分・給与の職員雇用形態の新設をめざすべきである。

　第2に，臨時職員は，例外的な人数ではない。地方人事統計の臨時職員以外に物件費処理の臨時職員，いわゆるアルバイも多い。自治体の現実は今日，再び外郭団体職員，非常勤職員，嘱託職員，契約専門職員など，合法的な擬似公務員の大量採用が問題化している。

　今日でも自治労調査では，昭和55年当時，8万人であった臨時職員は，平成12年には31万人に達している，今後，地方財政の減量化がすすむと，人件費削減の安易な方法として利用されるであろう。

　このような不合理なシステムを打開するため，どこかの自治体が，給与水準か身分か職務かで，現状の臨時職員制度の大幅改善を実施することである。一部の自治体で，臨時職員の公募試験採用，勤務評定導入がなされているが，方法によって矛盾の拡大であり，臨時職員の準公務員化という，方向でのシステム改革がのぞましい。

　このように臨時職員問題は，整理しても解消しても，新規に雇用され，永久に解決されない宿弊として，自治体行政に浸透している。どうしてこのような悪しき制度が，普及したのかである。

第1に，地方公務員法の硬直化である。地方公務員の雇用形態が，「終身雇用制」の正規職員と1年未満の「短期雇用制」にもとづく，臨時職員との基本的には2つの類型しかない。

　地方公務員制度は臨時的任用として，臨時職員は「緊急の場合・臨時の職」などで通常は6カ月で，更新1回で1年以内となる。

　ただ正規の職員で期限付任用は，「それを必要とする特段の理由が存在し，かつそれが法の趣旨に反しない場合に限りゆるされるものと解する」（長野地裁昭和56・2・26野県農業試験場事件）とされている。一般的には専門的技能職，特定の限定期間のプロジェクトなどの例外的な職員採用である。

　地方行政サービスは警察・消防といった，非常に危険な専門的サービスもあれば，文化・スポーツ施設の管理・サービス要員までさまざまである。これらの業務の全てを必ず常勤の公務員でということは，常識的にみて合理的とはいえない。

　第2に，自治体サイドの人事給与措置の財源的要請である。1つは，定数管理の締め付けから，正規職員の不足を臨時職員で代行することになった。2つは，期間の脱法的更新などで臨時職員の常勤化で，擬似職員を創出していった。

　地方公務員の労務といっても，特に技術を要求される分野はかぎられている。地方公務員の執務時間の多くは，文書作成・経費処理・事務連絡などであり，臨時職員方式で十分に対応できる。

　しかも臨時職員は，職場のマンパワーの不足に即応でき，マンパワーの欠点を治癒し，しかも勤労意欲において旺盛でああある。自治体は，給与・身分において問題の多い臨時職員を，便宜的に多用しながら，条件・システムの改善には努力をしていない。

　地方公務員法第22条6項は，「臨時的任用は，正式任用に際して，いかなる優先権を与えるものではない」と規定しており，正規職員と臨時職員を峻別している。しかし，自治体が，期間の脱法的更新による常勤

化をすすめていけば，臨時職員の給与・雇用条件の安定化を図っていく責務があるのは当然である。

このような臨時職員の抑制・脱法化の防止の対応としては，第31表のような対応が考えられる。臨時職員の存在は，自治体の人事・給与管理の無策を露呈するものであるが，同時に日本の雇用制度の閉鎖的硬直性に原因がある。

第3に，臨時職員は，特別職・嘱託・再雇用などで，公然かつ本格的に導入されつつある。臨時職員の導入は，一般会計より厳しい交通などの公営企業では，各事業で大幅に導入されている。

八戸市営バスは平成12年度から新規採用の給与を20％カットすることを労働組合と合意に達した。ただし在職中の職員には適用されない。人件費は30億円のうち約7割21億円である。現在20路線中黒字路線は3

第31表　臨時・定数外の常勤非常勤職員対策

公務員制度硬直化是正＝職階制と短期(5年程度雇用制度化)
派遣職員システム導入＝特殊業務における採用拡大
特別職制度の活用＝地域サービス分野における採用拡大
外郭団体事務移管＝サービス業務適用の給与体系制定
民間委託方式導入＝事務事業の民営化で臨時職員抑制

路線であるが，これで半分が黒字路線に転換する。

平成7年度以降，運転手の補充は臨時採用で行っており，現在，正規職員158人に対して，82人が臨時採用である。年間輸送人員は約1,215万人でピーク時の半分で，単年度赤字1億2,800万円で累積では5億5,600万円である。[2]

横浜市営バスは，嘱託を2割へふやし経費削減をめざしている。平成

9年度でバス運転手1,902人のうち再雇用嘱託84人，一般公募嘱託69人である。正規職員の平均年収は877万円（平均年齢44.1ヵ月），最高額は1,360万円，年収1,000万円以上が693人で36％である。

一般嘱託の平均年収は420万円で正規職員の半分以下である。市バス会計は平成8年度で21億6,400万円の赤字であり，運送収入275億円に対して人件費は270億円である。

なお各公営バス事業が，採用しているコスト削減方式は，路線運行を丸ごと民営バスに委託する方法であるが，部分的民営化である。この原則をすすめていけば，公営交通は，直接的にバス運行をすることなく，管理だけを行うマネージャー的存在となり，サッチャー改革のいう，自治体は事業推進者（enabler）となっていくのである。

要するに正規職員の既得権・給与水準を維持しながら，人件費を抑制していこうとすると，身分制に等しい臨時職員の採用となる。

むしろ労働者全体の利益を考えると，正規職員の給与と臨時職員の給与を平均化して，平均給与600万円程度に調整するのが，合理的な措置である。またこのような臨時職員制は，地方公務員制度としても平等の原則に反し，労働者としても不安定なシステムである。

第1に，人事給与体系の原則である，職階制を確立し，事務事業の補助的職員の給与表は，責任と技術に対応して作成することである。そして職階制が定着すれば，一般的職員の給与において，半分程度の水準の職種の設定も可能である。

一般行政においては，日常業務の非定型的散発的事務は，どうしても残り，特定の職場における補助的職員を，単年度の雇用形態で採用する慣習が継続している。

このように現在でも便宜的に利用されている，短期臨時雇用制度は，自治体の財源節約主義の短絡的発想が，うみだした奇形児であるが，長期にわたって放任し，今日の雇用形態の課題となっている。

臨時職員を公務員制度として認知するが，正規職員と区分した，雇用

給与システムとする，そのため雇用は不定期で需要に応じて実施，給与表はなく定額制度とするなどの措置をとる。

　第2に，制度的にも問題がすくないのが，派遣職員制度である。変則的な雇用形態より，民間企業からの派遣職員システムのほうが，法制的には明確であり，制度的にも安定している。

　ただこのような職員が従事する分野は，受付・複写・連絡・情報処理などの特定分野に限定されるが，行政水準が高度化していくと，一般行政職員がそのような，技術習得がますます困難になる。

　図書館は，専門の司書が従事しているが，すべての図書館に司書が必要か，また司書は必ず正規職員が必要かは疑問であり，本館以外のサービスセンターにおいては，特別職・派遣職員で十分に対応できる。

　第3に，地域サービスなどの特定分野では，地方公務員制度の特別職を活用すれば，中間形態の雇用は不可能ではない。

　自治体は昭和50年代から，介護保険サービスと同様の家庭奉仕員を採用してきた。臨時職員より給与水準はよく，短大卒業職員と同程度であるが，いわゆる正規職員ではない。

　このような正規化を阻止するには，正規職員とは異質のマンパワーであることを，勤務形態などで明確に区分しておく必要がある。具体的には消防団員のような形態である。

　第4に，自治体は，この問題を地方公務員制度の枠組みのなかで処理することを断念し，派遣職員・外郭団体・民間委託など制度運用で対応していった。

　たとえば社会福祉協議会，高齢者雇用事業団などであり，地域公共施設の民間委託方式などである。さらに庁内事務事業については，電話・受付などの派遣社員方式，庁舎清掃の民間委託，文書作成の外注などである。

　臨時職員の公募化がすすんでいる。平成14年度から北九州市は臨時職員150人を公募採用している。また熊本市は，臨時職員に勤務評定を平

成15年1月から導入している。

しかし，身分保障が貧弱で，経済的給付の貧困な状況で，手続・運用だけの制度化が先行するのは問題である。

臨時職員は，認知のない職員のごとく，制度的保障がない，惨めな状況にある。不況の状況で，臨時職員でも雇用があるのはよいと考えられている。

自治体は，きわめて高給の職員が安易な業務で過ごしいる一方で，臨時職員が酷使される状況を黙視すべきでない。地方公務員法を改正し認知するか，弾力的適用で待遇改善するか，なんらかの措置を注入し，労働と対価が実質的に対応するよう，自治体は努力すべきである。

イギリスでは地方財政白書の地方公務員数の統計をみると，1996年6月現在はフルタイマー職員1,071,419人（前年比21,541人減），パートタイム職員884,630人（前年比5,193人増）である。なおパートタイム職員は週30時間以内の非常勤職員で，職種ごとに補正係数をかけて常勤職員に換算されている。すなわちイギリスでは非常勤のパートタイム職員も，普通の職員とみなしている。

フルタイム職員に換算した地方公務員数は，1,339,892人（前年比18,715人減）となっている。なお1985年はフルタイム職員1,545.5千人、パートタイム職員873.8千人で、フルタイム職員換算では2,419.3千人で、108万人と45％の大幅な減員となっている。この原因は、福祉・清掃・施設管理などサービス部門の民間委託によるものである。

(1) 小原昇・薬師寺克一『非常勤・臨時職員の活用と運用実務』87頁。
(2) 東奥新聞平成11年6月1日。

3　成績主義と目標管理

　民間企業においては，能力・成績主義導入が盛んに提唱されているが，自治体への能力・成績主義人事政策の採用は，民間企業よりはるかに困難である。その理由は，地方公務員の職務が「公共的」事務事業であり，評価基準の設定が容易でないこと，職務の結果が個人の努力か外部環境かの区分が難しいからである。
　たしかに地方行政における事務事業は，防災事業・社会教育事業にみられるように，その成果は外部効果が大きく，職員の能力・成果を直接的には判断しにくい事務事業が多い。
　しかし，地方行政にあっても，行政評価システムにおける費用効果分析，事務事業選択の最適化などを評価基準として，職員の能力・成績主義を適用することが，不可能とはいえない。
　行政評価導入の場合とおなじであるが，新システムの導入については，その欠点・限界を指摘し，制度の導入阻止を図っていくのが，反対派の常套手段である。しかし，現在のような評価基準のない情実人事より，近代化され合理性のあるシステムであり，自治体の人事システムとして，ベストでなくとも，ベターな選択である。
　第1に，完璧な能力主義は無理であるが，目標管理・達成方式をベースとした，成果・成績主義の導入は不可能ではない。
　能力主義人事の評価基準として，業績・能力・態度考課などさまざまの基準があるが，業績考課一本に絞るべきである。能力は結局，業績に反映されるからで，各部局・課係・職員の事業目標設定を，年度当初・年度終了後に事前・事後評価していくべきである。
　たとえば人材育成・職員研修の一環として，民間企業への派遣が行わ

れているが，企業運営の厳しさ，サービス意識の高さを知る点では効果があるが，自治体における政策形成能力の向上には，寄与するところはすくないであろう。

　能力方式の危険性は，職員資質としての能力測定の困難性もあるが，能力評価について，制度・構造・環境などの外部要因への対応力より，上司・同僚・議員・市民などとの個人的折衝能力が優先となりやすい。しかも成果の基準としない，能力主義は，事務処理における対人関係にウエイトをおく，対人関係に矮小化されかねない。

　自治体の勤務方式は，すでに部分的には成果方式を加味している。高知県は平成11年から昭和50年以来，廃止していた書面による人事考課を復活させる。新しい評価システムは「業績」，「能力」，「態度」についての17項目である。複数の管理職がＡ．Ｂ．Ｃ．Ｄ．Ｅの五段階評価で行う。

　自治体における能力主義人事への改革の試みとして，岩手県の「人材育成プラン」などの人事行政改革案では，人事における「目標管理制度」，スペシャリスト養成，異動の「自己申告」制度などである。

　このことは能力主義の人事といっても，行政評価システムを発達させて，目標管理方式を浸透させて，各課・係単位の行政目標達成度を，管理職の能力評価基準として評価する，成果主義人事評価で十分である。

　第2に，能力主義より成績主義のほうが，評価基準が客観的である。問題解決型の能力をもった職員の優遇・育成に有効である。能力主義と成績主義とはかなり，評価方式のベースがことなる。

　自治体職員は，政策能力のみでなく実施能力も重要であり，その能力は成果によって立証される。すなわち「自治体職員にのぞまれる資質の1つは，政策的発想もさることながら，行政の枠内で考えて，問題があるとすぐ諦めてしまわないことである。官庁の枠内で実行可能なシステムを考案し，実施への下地をつくること」[1] が重要なのである。

　目標管理・達成方式にもとづく成果主義はすぐれた制度である。その

理由の1つは，トップダウンとボトムアップがよく嚙みあうこと。2つに，課題の量的目安と達成手段を明確化できること。3つに，目標は共通の管理事項とすること。4つに、目標設定の評価として、「目標達成成果」（困難度・達成など)、「職務遂行過程」（企画力・創意工夫），「自己管理能力」（決断力・判断力・統率力），「組織目標達成貢献度」（寄与度）などの融合評価であることなどである。

このような目標設定方式は，多くの現場行政の職員にも目的意識を与えることになる。公務員が能率が悪いのは動機付けがなく，目標意識が希薄なだけである。

成果主義から能力主義へと，人事給与評価のレベルアップを図っていけばよい。能力主義の人事は，何の目的のために採用されるのか，それはあくまで政策能力の涵養・向上，事務事業選択の最適化を促進するためである。

ただ自治体行財政において，政策行政の展開が不十分な状況で，人事評価だけに能力主義を導入するのは無理がある。

第3に，成績・成果主義をストレートに人事に連結するとか，給与システムに連動させるのは，最終的目的である。導入過程においては，部分的連動で十分である。経済的報奨は，必ずしも給与体系・職階制で報いる方式だけではなく，一時的な報奨金措置でも可能である。

京都市は，平成10年11月1日に要綱を制定し、技術系職員の開発した特許について，市と職員の共有とすることにした。これまで37件の特許を取得しているが，帰属を定めた規定はなく，権利登録に50万円もいるので放置していたケースもみられた。要綱では300万円を限度に，30％が職員に還元される。

ただ成績主義導入でも，大幅な採用は不可能である。加点方式による成績主義による報奨費方式の導入などを，徐々に採用していけば新しい行政風土として定着していくであろう。

平成9年度の人事院勧告（8月4日）は，勤勉手当の成績率に応じた運

用強化・拡大を勧告したが，目標管理にもとづく成績主義は，名古屋市（平成2年），東京都（平成6年），岐阜市（平成6年）から導入されている。目標管理・達成方式で，勤勉手当について支給格差を設定するシステムである。

どの程度まで給与に反映させるかであるが，東京都は平成7年から管理職について，勤勉手当の1％を査定の原資として実績配分に踏み切った。東京都のこの方式も目標主義をベースにしており，年度当初に目標を設定し，年度末にどれほど達成したかで成果を判定する。

名古屋市は，増額の加点主義で，平成2年からすでに導入している。なお島根県平田市は，全職員に平成6年から導入済みでボーナスに成績主義を導入している。多くの自治体，大阪府・大阪府高槻市などが追随している。

第4に，目標達成方式は，全自治体の部局に適用できる。自治体の大半の職員は日常的機械的サービスであり，動機付けは至難の課題であるとされてきた。しかし，その気になれば市民との接触の多い窓口サービス・地方税徴収事務ほど，改善・改革の課題は山積しているのである。

たとえば論議はあるが，ＯＡ化などの機械化をすすめ，市民サービスの向上，勤労条件の改善，行政コストの削減を同時に達成する方策も可能なのである。職員参加で問題の解消に努力するという，職場の雰囲気があるかどうかの問題でもある。

目標主義の導入は，従来の形式勤務評定方式を実質的な成果・能率評価方式に転換させる契機となる。近年，多くの自治体で採用されだした，課長職の係長からの公募制とか，民間公募方式とか，部下が上司の勤務評定する逆勤評が実施されるようになった。

大分県別府市は，平成11年7月から管理職応募制度・管理職降格制度を創設した。このような人事採用・評価方式の導入は，目標管理制度などによる自治体運用の近代化が，前提条件である。

目標設定においては，評定者と部下との話合いが前提条件である。要

するに目標達成評価方式によって，給与における職務給が実質的に裏打ちされるのである。

また自己申告・部下評価などの新しい評価である。昇任人事についてみると，課長の係長からの公募制とか，民間公募とかが導入されつつある。

愛媛県内子町は，平成11年2月から，人事に関して自己申告制度と一般職員による課長評価を実施した。本庁の課長19人に対して各課職員132人が評価することになり90％が回答している。

評価される課長の感想は「活用の仕方が問題。一層仕事の励みになればいいが，課員に叱咤激励が出来なくなっても困る」[2]と，批判的感想をもらしている。このような成績主義の結果を，昇格などの人事のみでなく，給与にまで反映さす「勤務成績に応じた給与体系の導入」をするかどうかである。

(1)　高寄昇三「自治体政策能力への評価」『職員研修』昭和62年11月58頁。
(2)　平成11年3月29日，愛媛新聞

4　人事行政改革の処方箋

　自治体評価による人事行政は、能力・成績主義の人事のみでなく、一般行政と同じように、人事行政の民主化・科学化をどうすすめるかにある。
　第1に、人事体系の「硬直性」を、どう打破していくのかである。自治体の人事を阻害しているのは、外部要素の天下り人事のみならず、自治体自身の人事行政の拙劣さも看過できない。
　身分給与の安定化で「終身雇用制は一種の一家主義を作り、排他的になりどうしても固定的な考えに陥りやすい」[1]と、欠陥が指摘されている。たとえば天下り人事にかえて、幹部職員の公募採用といったショック療法によって、自治体人事の一般的関心を深める方法もある。
　大阪府池田市は、平成11年秋に発足する「ボランティア推進室」の室長を公募している。応募の条件は同市に居住するボランティア経験者で、任期は2年であるが、通勤交通費もふくめて一切無給である。また同市は「環境にやさしい課」の課長も、全事務職員から希望者を募集する方針である。
　新潟県上越市は、2助役・8部長を廃止して、6人の副市長をおくが、2人を公募している。福岡市では情報社会関連課長・金融政策課長を全国公募し採用した。
　しかし、このような輸入人事を、手放しで歓迎はできないであろう。首長はまず職員が合理的な政策選択をしていくうえでの障害を、身を挺して除外してやれば、多くの職員は能力・手腕を発揮する素質はもっている。それが難しいから輸入人事で排除しようとしても無理であり、固有職員の士気を喪失さすだけであり、天下り人事よりも弊害は、ある意味

では大きい。

　第2に，人事行政の「開放性」である。閉鎖的人事については，土地・情報・資金などと，同じように内部処理されており「職員の管理がそのまま都政に活力を与え，都民のための都政を実現する近道であることを忘れ，単に都庁内の問題であるという狭い考え方が強かったこと，人事管理の問題を一部人事当局者だけで閉鎖的に処理し」(2)と，批判されてきた。

　人事問題を人事課・給与課・組合交渉の問題にとどめず，市民的論議の対象とすべきである。財政運営にもこのような閉鎖的秘密的色彩が濃いが，人事・給与にあってはさらに濃厚である。

　個々の人事・給与は行政の内部秘密事項であるが，人事の体系・運用はどうあるべきかは，自治体の官僚性脱皮のための重要な改革課題なのである。

　第3に，人事行政への「参加性」である。一般行政における政策決定などへの市民参加のみでなく，職員採用・幹部登用における市民性の注入である。

　大阪府八尾市は平成11年の行財政改革委員会委員を公募した。十数人のうち約3分の1である。条件として「私の行財政改革提案」（千字以内の小論文）の提出を求めている。

　人事行政への市民参加も行われつつある。福岡県八女市では平成11年の新規採用から2次面接官に従来の助役・収入役・教育長・総務部長の4人だったが，2人減らしてその分民間人を増員することにした。

　市長は，「採用試験の透明性を高めることで『市役所には縁故採用があるのでは』との市民の疑惑を一掃し，好奇心おう盛で積極的な人材を採用したい」とべている。(3)

　さらにアメリカのように，幹部職員は公募制で，採用面接を議員・行政責任者・市民代表の混成評価委員会で決定していく，システムを導入するかである。

第4に,人事行政の「多様化」である。自治体行政の多様化によって,「かつてのようなゼネラリスト中心という人事構成も破綻していくでしょう。そのうえこれまでのような全日制の自治体職員の終身雇用・年功序列という想定もくずれて,ボランティアから派遣職員,準職員などをふくめ多様化していきます。『地方公務員法』もすでに底抜けとなり,改正が必要です」[4] といわれている。

たとえば自治体は,これまで法律・経済中心の採用をしてきたが,社会・文学部を含めた多様な人材を採用していくべきである。

さらに中途採用も多用し,民間人・外国人の採用,専門職員の導入など多彩な人材へ門戸を開放すべきである。また内部人事運用においても,女性職員,中高年層,技能労務職,OB職員などの活用は,避けて通れない問題である。

行政のサービス化は,外郭団体による間接方式の導入となったが,それには人事・給与体系の多様化が,魅力的な誘因であった。結果的には人件費の適正化のみでなく,多彩な人材の非常勤職員としての採用を可能にしていった。

そしてこのような多彩な人材の混成チームで,行政サービスを供給していこうとすると,給与・人事にあって能力主義でなければ,必然的に不合理な差別が発生し組織としてのチームワークも成立しがたいであろう。

第5に,人事行政の「流動化」である。卑近な事例が中高年・専門職の採用であり、民間人の登用である。

しかし,今日の自治体の人事運用は定期的な競争試験の原則にこだわり,実質的に閉鎖型任用制(closed career system)を採用しており,開放型任用制(open career system)を拒否している。横からの人事(lateral recruitment)としてのヘッドハンター方式とか,幹部職員の公募方式は採用されていない。

もっとも自治体でワイン工場,文化センター,コミュニティ施設など

の責任者に，民間人の採用がひろがりつつある。このことは地方公務員の能力再編成が，避けられないことを暗示している。

このような人事の流動化について「企業間の横の異動が一般化していない現在では，部外者からの登用は部内の撹乱要素として働くデメリットが大きい」[5] かも知れないと危惧されてきた。

しかし，閉鎖的人事運用が，自治体における官僚性を体質化させていき，自己利益追求集団化させていった，元凶であることを認識すべきである。

さて自治体の人事行政に関していえば，年功序列・既得権擁護といったシステムから，行政サービスに対応した，能力的弾力的な体系へと再編成されなければ，個人の自己改革の芽まで摘みかねないのである。

第5に，"ポスト"主義の克服である。いいかえれば成長型肩書き型人事の転換である。昭和50年代，自治体は安定成長に入り，管理職ポストの不足いわゆるポストレス症状に悩まされた。

その打開策として中間管理職の乱設，局部課の細分割など史上最悪の対応をとったが，結果として組織の動脈硬化が，ますます進行することになった。[6]

このようなポストレスの対応とは，つまるところは中高年対策であり，肩書き社会の日本において，役職に付けないことは大きく士気に影響する。そのため中間管理職を増殖するのは，史上最悪の方法である。むしろ積極的対応策は，新行政分野の開拓と専門職分野の創出である。

幸い建設事業費の削減ムードがひろがっているので，管理(研究)・サービス部門を拡充し，管理職ポストの捻出する方向へと，人事政策を切り替えていくことである。

同じ財源であるなら，管理・サービス行政のほうが，多くの管理職ポストを捻出が可能となる。要するに建設事業10億円では，その後の施設管理で10人の雇用しかないが，サービス事業では20人は働く業務が発生する。

今日の自治体行政における共益・共生サービスの増加を考えば，自治体内部の人事給与の手直しでは，対応できないのである。人口１万人で１ヵ所のコミュニティ・センターは必要で，単なる住民集会所でなく，コミュニティ行政の地域サービスの拠点として，福祉・防災・環境などを分担する。そのセンター長は民間人，事務局長はＯＢ・現役公務員といった混合人事体制をとれば，かなりの実質的に必要な管理職創出が可能となる。

第６に，職員の「専門化」である。自治体行政の水準は，ますます高次の対応をもとめられる。

自治体行政は，今後とも専門化していくが，一般行政職の事務職は，ジェネラリストではなく，都市計画・都市経営，国際交流，コンベンション，中小企業診断，シンクタンク，地方史編纂，文化財保全など，多くの分野で専門行政を展開していけば，ポストは必然的に必要となる。

自治体は，地方行政の質を高め，専門職を育成することである。コミュニティケア・マネイジャー、イベント・プロモーター，環境形成コンサルタントなど，無数の新しい技能者群が必要であり，かれらは管理職としての処遇に値する職種である。

第７に，人事行政における「計画化」である。たとえば採用人事をみると，景気変動に対応する配慮が欠落している。

好景気には税収もよいので大量に職員を採用し，土地も取得する。しかし，職員の資質は悪く，土地も高値づかみで，そのため長くこの後遺症に悩まされる羽目になる。

不景気にこそ自治体は大量に職員採用し，優秀な人材を確保し，ひいては就職難の緩和に寄与するのが，公共団体としての使命である。しかし，人事の実情は逆で，高度成長期に大量に採用した職員の退職が迫ってきたが，支払うべき退職金が捻出できない事態の発生に，戦戦恐恐といているのが偽らざる実態である。

また定年退職後の面倒をどうするのか，公務員は一般的社会とは遮断

された社会で,働いてきたので一般社会への適用性に欠けるが,安易な外郭団体・嘱託人事ではなく,人材の有効活用を期すべきである。

　すなわち人事行政は人事異動を分担するのでなく,職員の素質開発をはじめ,職員の勤労意欲の増進、年令構成の適正化など,マクロの人事行政を展開していくのが人事行政の役割である。

　要するにこのようなポスト不足に対する人事政策をみていると,政策の欠落性が否定できない。人事給与政策として「人材の戦力化」が欠落している,自治体は職員を育成し,地域社会に有為の人材として放出していくべきである。

　長期的には自治体行政そのものの民営化,いいかえれば地域社会における官民分権化へコペルニクス的転換をしなければ,地方自治の将来もないのである。このようなビジョンのもとで,自治体の人事給与は,どうあるべきかである。

(1)　田村明「自治体ヘッドハンティングの有効性と問題点」『地方自治職員研修』 昭和62年11月、56頁。
(2)　都政新報社・前掲「長谷部委員会」71頁。
(3)　平成10年10月7日、西日本新聞。
(4)　松下圭一『日本の自治・分権』93・94頁。
(5)　鹿児島重治『人事管理』昭和46年第一法規105頁。
(6)　自治体の管理職ポストの対策については、高寄昇三「ポスト・レス時代の都市経営」『晨』昭和60年10号 参照。

【参考文献】

人事制度研究会『市町村の労務管理』学陽書房　昭和41年
荒巻禎一『人事管理論』良書普及会　昭和45年
中国新聞社『ルポ地方公務員』日本評論社　昭和51年
山崎宏一郎・木下英敏『地方公務員の人事管理』ぎょうせい　昭和52年
早川征一郎・松井朗『公務員の賃金』労働旬報社　昭和54年
サンケイ新聞行革取材班『退職金・おかしなおかしな官民格差』サンケイ出版　昭和58年
坂本充郎『地方公務員』現代評論社　昭和58年
佐藤英善・早川征一郎・山内昂『公務員の制度と賃金』大月書店　昭和59年
サンケイ新聞行革取材班サンケイ新聞横浜総局『「退職金日本一」との闘い』サンケイ出版　昭和62年
稲継裕昭『日本の官僚人事システム』東洋経済新報社　平成8年
高寄昇三『現代イギリスの地方自治』勁草書房　平成8年
高寄昇三『新・地方自治の財政学』勁草書房　平成10年
高寄昇三『地方自治の行政学』勁草書房　平成10年
高寄昇三『自治体の行政評価導入の実際』学陽書房　平成12年
高寄昇三『地方自治の政策経営』学陽書房　平成12年
稲継裕昭『人事・給与と地方自治』東洋経済新報社　平成12年
高寄昇三『自治体財政 破綻か再生か』学陽書房　平成13年
地方公務員給与統計研究会『地方公務員の給与とその適正化』(平成12年度版)地方財務協会　平成13年

[著者略歴]
高寄 昇三（たかよせ・しょうぞう）

昭和9年生まれ
前神戸市市長室参事、甲南大学経済学部教授　経営学博士
現在、姫路獨協大学経済情報学部教授

[著書]
『市民自治と直接民主制』、『地方分権と補助金改革』『交付税の解体と再編成』（以上、公人の友社）、『阪神大震災と自治体の対応』、『自治体の行政評価システム』、『地方自治の政策経営』、『自治体の行政評価導入の実際』、『自治体財政破綻か再生か』(以上、学陽書房)、『現代イギリスの地方財政』、『地方分権と大都市』、『現代イギリスの地方自治』、『地方自治の行政学』、『新・地方自治の財政学』、『明治地方財政史・Ⅰ、Ⅱ、Ⅲ』(以上、勁草書房)、『高齢化社会と地方自治体』（日本評論社)、その他多数。

自治体人件費の解剖

2003年8月10日　第1版第1刷発行
著　者　高寄　昇三
発行者　武内　英晴
発行所　株式会社 公人の友社
　　　　〒112-0002 東京都文京区小石川5-26-8
　　　　電話　03-3811-5701　FAX 03-3811-5795
　　　　メールアドレス　koujin@alpha.ocn.ne.jp
印刷所　倉敷印刷株式会社
カバーデザイン　有賀　強